2024년
호서대학교부설 디지털과 영유아교육연구소 총서 2

영아들의 환경감수성을 기르는

ESG 디지털 놀이

KNOWLEDGE COMMUNITY 공동체

머리말

"급변하는 시대 속에 살아가야 할 우리 아이들을 위해 우린 무엇을 해야 하나..?"라는 질문은 언제나 우리의 마음을 무겁게 만들었습니다. 부작용 없는 영유아 디지털교육을 연구하고 싶었기 때문입니다. 영유아들에게 더욱 쉽고 친근하게 접근할 수 있는 디지털 교육을 연구하고 있을 때 어느 순간 "아무리 똑똑한 아이로 자라도록 교육한다 한들 망가진 지구에서 행복하게 살 수 있을까?"라는 물음은 우리의 연구를 확대하는 계기가 되었습니다.

최근 심각한 환경오염은 우리의 생명을 위협하고 있지만 교육자로서 문제를 인식하는 이는 별로 없는 듯합니다. 그나마 유아를 교육하는 교육기관은 기존에 해왔던 환경교육, 녹색성장교육처럼 하나의 수업과정으로 다루고 있기는 하지만 영아를 위한 환경교육 연구는 부족한 현실입니다.

환경오염의 심각성을 교육하기 위해서는 영아기부터 자연을 사랑하는 마음을 길러주는 것이 중요합니다. 아기를 키울 때 하루 종일 밖에 나가 개미를 관찰하고 길가에 있는 민들레란 민들레는 죄다 뽑아 손에 쥐어들고 민들레 홀씨는 보이는 대로 후후 불어 대는 모습을 관찰하게 됩니다.

영아들은 기본적으로 자연관찰을 좋아하고 신기해하며 그 안에서 자유함을 느끼고 안정감을 느끼지요. 아이들의 눈높이에서 관찰된 소재를 통해서 자연에 대한 사랑이 커지고 자연스럽게 환경교육이 이루어질 거라 생각합니다.

환경감수성이 발달한 아이들은 내가 좋아하는 산책로나 숲에 쓰레기가 버려진 걸 발견했을 때 "선생님 누가 여기에 쓰레기를 버렸어요" 하며 이해를 할 수 없다는 표정을 지을 것입니다.

이럴 때 우리는 어떻게 가르쳐야 할까요? "지저분하니까 그냥 내려놓으세요"라고 하시겠어요? 아니면 "그럼 우리가 쓰레기를 모아 쓰레기통에 버려주자, 그럼 우리의 숲이 깨끗해질 거야"라고 말하고 함께 쓰레기를 줍는 활동을 하시겠어요? 아이들이 관찰하고 발견하는 과정 속에서 우리는 많은 갈등이 생기게 마련입니다.

그냥 대충 이야기해서 상황을 모면하고 다음 활동으로 빨리 넘어가야지 라고 생각하는 교사가 있는 반면에 이 상황을 교육의 기회로 삼고 친절하게 설명한 후 함께 의미있는 활동으로 확장하는 교사도 있을 것입니다.

이 두 교사의 차이점은 현재 지구환경 오염에 대한 심각성을 인식하고 있느냐 인식하지 못하느냐의 차이입니다. 영아반 교사들의 환경지식이 부족하여 교육하지 못하고 환경감수성을 기르기에 최적기인 영아기를 그냥 지나치지 않았으면 좋겠다는 마음이 저희 연구소의 바람입니다.

우리는 두 번째 연구소 총서의 제목을 '환경감수성을 기르기 위한 영아 ESG 디지털 프로그램'으로 결정하고 호서대학교 유아교육과 학생들과 함께 환경+디지털 프로그램을 개발하였습니다.
6개의 교육기관의 영아들과 함께 활동하면서 매일 진행되는 바깥놀이에서 자연을 사랑하는 마음을 기르고, 환경을 지키는 일에는 무엇이 있는지 알아보았으며 일상생활에서 실천하도록 하였습니다. 또한 가정연계를 통해 부모님들의 지구환경 오염에 대한 인식변화를 돕고 영아들과 함께 참여 또는 실천할 수 있도록 유도하여 지역사회로 이어가는 ESG 활동을 담았습니다.

이 책을 통하여서 영아들도 환경교육이 가능하다는 것을 깨닫고 교육현장에서 재미있는 놀이로 활용되길 바랍니다.

2024년 6월
저자 일동

"이 책은 한국영유아보육학회에서 주최하는
2024 춘계학술대회 논문 포스터 발표회에서 우수논문상을 수상하였습니다.
논문제목: 환경감수성을 키우기 위한 영아 ESG 디지털 놀이 프로그램 개발"

CONTENTS

PART 1

영아들의 환경감수성을 기르는 ESG 디지털 놀이의 이해

1. 환경감수성을 기르는 ESG 영아 놀이 수업의 기초

1) ESG

(1) ESG의 개념

세계적으로 지속가능발전(Sustainable Development Goals)이 강조되면서 ESG가 필수 경영 전략으로 떠오르고 있다. SDG가 목표라면 ESG는 그 목표를 달성하기 위해 실행하는 수단 또는 활동이라 할 수 있다. ESG는 환경(Environmental), 사회(Social), 지배구조(Governance)의 영문 첫 글자를 조합한 단어이다. 구체적으로 'E(환경보전)'는 문자 그대로 경영 과정에서 기업이 어떻게 환경에 영향을 미치는가를 의미하는 것으로 자원, 에너지, 폐기물, 온실가스, 탄소 배출량, 자원 재활용 등이 포함된다. 'S(사회적 가치 실현)'는 기업으로서 올바른 사회적 책임을 잘 수행하는지를 따지는 항목으로 인권, 지역사회에 대한 기여도, 노동 및 고용, 소비자 안전 및 보호 등이 포함된다. 'G(투명한 지배구조)'는 쉽게 말하면 경영 투명성으로 의사결정 과정, 기업구조, 인사, 경영 정책 등이 민주적 절차에 따라 운영되는지 판단하는 항목이다. 이와 같은 ESG는 조직의 지속적인 성장 및 생존과 직결되는 핵심가치들로, ESG를 구성하는 세부요소들은 아래와 같다.

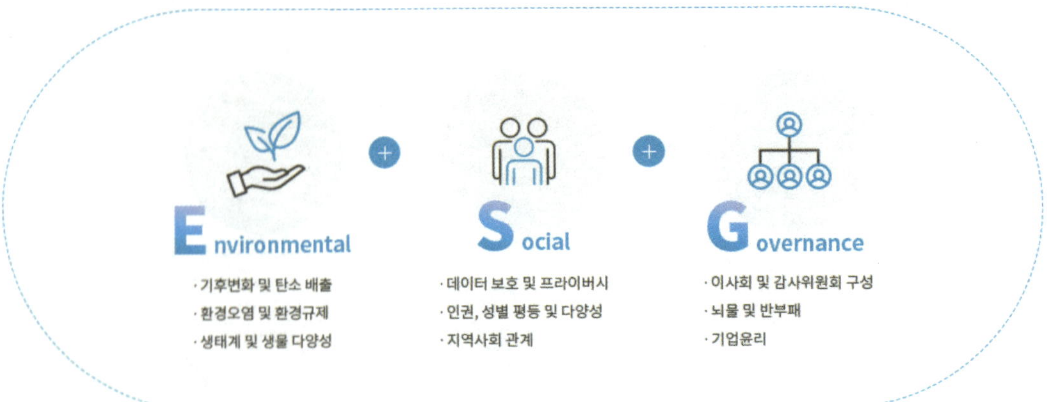

출처: https://esg.krx.co.kr/contents/01/01020100/ESG01020100.jsp

최근 사회 곳곳에서 ESG가 화두가 되면서 ESG는 새로운 개념으로 느껴질 수 있지만 우리에게 친숙한 '지속가능발전'에서부터 시작된 개념이다. 즉 미래세대의 몫을 생각하며 현시대의 수요를 충족시키자는 '지속가능발전'에서 조직의 지속적인 생존과 성장에 직접적인 핵심가치를 환경, 사회, 지배구조로 묶어서 말하게 된 것이 바로 ESG이다.

(2) 영유아교육기관의 ESG 평가

우수한 ESG 경영 성과가 조직에 좋은 평판과 이미지를 주기 때문에(Greening & Turban, 2000) 많은 기업들이 기업 가치를 향상하고 투자를 유치하기 위해 ESG 공시에 앞장서고 있다. ESG 경영은 공공기관이나 대기업뿐 아니라 영유아교육기관에도 확대될 전망이다. 영유아교사가 인식한 영유아교육기관의 ESG 현재 수준과 요구도를 조사하기 위해 기업 활동에 대한 ESG 척도를 영유아교육기관 실정에 맞게 수정한 ESG 항목은 다음과 같다.

<표1> 유아교육기관의 ESG 항목

E	① 유아교육기관에서 발생되는 폐기물 재활용 ② 유아교육기관 친환경제품 제공 및 환경친화적인 활동 ③ 유아교육기관 구성원 환경인식 및 경영 역량 교육 ④ 유아교육기관 환경경영정책 실행 ⑤ 유아교육기관 환경성과 평가체계 구축
S	① 유아교육기관의 사회적 책임 ② 유아교육기관 개인정보 보호 및 공정거래 정책 수립 및 실행 ③ 유아교육기관 구성원 고용안정 정책 수립 및 실행 ④ 유아교육기관 구성원 안정성 정책 수립 및 실행 ⑤ 유아교육기관 협력사 공정거래, 부패방지, 윤리경영 확보방침 수립 및 실행
G	① 유아교육기관 홈페이지 경영 활동 결과 공시 ② 유아교육기관 부적절한 경영 승계 수단 방지 ③ 유아교육기관 종사자 횡령 등 비도덕적 행위 방지 ④ 유아교육기관 지배구조 건전성 노력

출처: 조혜영(2024)

[그림1]에 나타난 바와 같이 영유아교육기관에서 강화유지영역(HH)은 모두 사회(S)와 관련된 항목들인 반면, 환경(E)은 한 항목도 이 영역에 속하지 않았다. 특히 영유아교육기관에서 발생되는 폐기물 재활용과 영유아교육기관 환경경영정책 실행 등은 개선이 시급한 집중관리 영역(HL)으로 나타났다. 이는 영유아에게 친환경의 중요성을 가르치고 이를 실천하도록 도와주는 등 환경(E) 영역을 보다 체계적으로 지원해야 할 것을 강조하는 것이다.

[그림1] 유아교육기관 ESG 현재 수준과 중요도

중요도 H

2사분면: HL 집중관리 영역 (실행도 L)		1사분면: HH 강화유지 영역 (실행도 H)
	E① 유아교육기관에서 발생되는 폐기물 재활용 E④ 유아교육기관 환경경영정책 실행 G② 유아교육기관 부적절한 경영 승계 수단 방지	S② 유아교육기관 개인정보 보호 및 공정거래 정책 수립 및 실행 S③ 유아교육기관 구성원 고용안정 정책 수립 및 실행 S④ 유아교육기관 구성원 안정성 정책 수립 및 실행 S⑤ 유아교육기관 협력사 공정거래, 부패방지, 윤리경영 확보방침 수립 및 실행
3사분면: LL 낮은 우선 순위 영역	E⑤ 유아교육기관 환경성과 평가체계 구축 S① 유아교육기관의 사회적 책임 G① 유아교육기관 홈페이지 경영활동 결과 공시	E② 유아교육기관 친환경 제품 제공 및 환경친화적인 활동 E③ 유아교육기관 구성원 환경인식 및 경영 역량 교육 G③ 유아교육기관 종사자 횡령 등 비도적적 행위 방지 G④ 유아교육기관 지배구조 건전성 노력 **4사분면: LH 과잉 영역**

중요도 L

출처: 조혜영(2024)을 재구성함

2) 환경감수성

(1) E(환경보전)의 세부요소

ESG에서 가장 중요한 요소는 'E(환경보전)'이다. 과거 기업은 이윤과 가치 추구에만 집중해오면 됐지만, 기후변화가 우리 모두의 존폐에 영향을 미치게 되었기 때문에 이제는 환경보호도 기업의 책임으로 인식되고 있다. 더욱이 지구온난화를 비롯한 환경문제들이 코로나 바이러스와 같은 신종 바이러스를 촉발했다는 전문가들의 주장에 따라 환경보호에 대한 경각심은 날로 높아지고 있다(한유미, 주안나, 김정연, 최경화, 2023). ESG 중 E(환경보전)의 세부요소를 살펴보면 다음과 같다.

<표2> ESG 중 E의 세부요소

세부요소	내용
기후변화 및 탄소중립	기후위기라 할 정도로 급격한 기후변화의 원인은 지구온난화임. 지구온난화의 원인은 이산화탄소 배출이며, 탄소중립은 온실가스 농도 증가를 막기 위해 탄소 배출을 제한하는 것을 말함
환경오염 및 환경규제	대기오염, 수질오염, 토양오염, 해양오염 등 환경오염을 완화하기 위해서는 정부나 국제기구가 설정한 환경 관련 법규를 준수해야 함
생태계 및 생물 다양성	생물 다양성은 생태계의 균형과 기능 유지에 필수적이며, 다양한 생태계는 환경 변화나 교란에 잘 견딜 수 있음. 따라서 생태계 보호와 생물 다양성 유지를 위해 노력해야 함
자원 및 폐기물 관리	자원의 효율적 사용을 위해서는 폐기물을 재활용하고 폐기물 처리를 적절히 해야 함. 이를 통해 자원 낭비를 줄이고 환경오염을 최소화할 수 있음
에너지 효율	에너지 효율이란 에너지가 전환되는 과정에서 손실되는 에너지의 양을 말함. 에너지 효율이 높은 제품을 쓰면 에너지를 절약할 수 있음
책임 있는 구매 및 조달	환경친화적인 방법으로 제품을 구매하고 조달하는 것을 말하며, 이는 기업의 지속가능성을 향상시키고, 공급망에서의 ESG 위험을 관리하며, 이해관계자의 기대를 충족시킴

출처: https://www.clickesg.co.kr/ui/overview/descriptionEsg.html

(2) 환경감수성

환경교육에는 지적인 측면과 정서적 측면, 두 가지가 있다. 지적인 측면은 주변 환경을 지식적이고 합리적으로 파악하고자 한다. 정서적 측면은 주변 세계에 대해 정서적 애착을 가지고 유대관계를 맺고자 한다. 환경감수성은 이 중에서 정서적 측면과 관계가 깊다. 따라서 환경감수성이란 환경에 대해 공감하는 태도라 할 수 있다. 단순히 자연에 대해 경이로움을 느끼거나 그 자체를 그대로 수용하는 것이 아닌, 보다 적극적인 측면에서 개인이 자연환경과의 지속적 상호작용을 통해 가지게 되는 '자연환경에 대한 공감적 정서'를 의미한다(국가환경센터 홈페이지).

환경보존적 태도나 행동을 하지 못하는 것은 지식의 부족이 아니라 환경에 대한 감수성이 충분히 발달하지 못했기 때문이다. 즉, 교육을 통해 얻는 환경감수성은 환경친화적인 태도나 환경책무성을 형성하는데 가장 필수적인 기본적인 요소로 작용한다(임지혜, 2023; 정후교, 2024). 자연과의 공존을 강조하는 누리과정의 기본방향에서 볼 때에도 자연 친화적인 영아로 성장하기 위해서는 환경감수성을 내면화하는 과정이 필요하다. 환경감수성이 높은 영아는 자연환경을 느끼고 체험한 것을 통해 스스로 환경보호와 지속가능한 발전을 위해 노력하는 책임감 있는 시민으로 성장할 수 있을 것이다(네이버 백과).

[그림2] 기후위기 감수성 환경교육 - 워드클라우드

출처: https://wordcloud.kr/407994

환경감수성의 구성 요인과 구체적인 내용을 살펴보면 다음과 같다(임지혜, 2024).

<표3> 환경감수성의 영역 및 내용

하위영역	내 용
민감성	1. 계절의 변화에 따라 볼 수 있는 새싹, 꽃, 열매, 나뭇잎을 보면 신기한 생각이 든다.
	2. 새싹과 나무, 풀, 열매, 꽃이 살아 숨 쉰다고 느낀다.
	3. 움직이는 곤충과 벌레를 보면 신기하고 궁금해져서 알아보고 싶은 생각이 든다.
	4. 꽃을 보면 향기를 맡고 싶다.
	5. 숲에서 들리는 새소리가 노래소리처럼 들린다.
	6. 아름다운 음악을 들으면 (꽃과 나비, 나무, 시냇물, 숲과 같은) 자연의 모습이 떠오른다.
심미감과 정서안정	7. 자연의 모습이 담긴 사진이나 그림을 보면 아름다움이 느껴진다.
	8. 숲에서 놀이하면 숲이 친구처럼 느껴진다.
	9. 숲속을 걸으면 즐겁고 행복하다.
	10. 놀이공원보다 산이나 바다로 가는 것이 더 재미있고 행복하다.
	11. (꽃과 나비, 나무, 바다와 숲과 같은) 자연 속에서 살면 행복하고 즐겁다.
동정과 연민	12. 숲에 동물이나 새, 곤충, 벌레가 죽어 있는 것을 보면 슬프다.
	13. 개미를 살펴보기 위해 만지면 개미가 아파할 것 같다.
	14. 동물을 마구 잡아가는 어른을 보면 슬프고 화가(속상한) 난다.
	15. 물속에 쓰레기나 샴푸 거품이 많으면 물고기가 슬프고 아파할 것 같다.
	16. 도로가에 있는 나무들이 자동차의 연기 때문에 숨 막혀 할 것 같다.
	17. 양치를 할 때 물을 많이 틀어놓으며 낭비하는 친구를 보면 속상하고 화난다.
	18. 어떤 친구가 꽃과 나무를 꺾으면 슬프고 화가 화난다.

이와 같은 환경감수성을 기르기 위해서는 영아기부터 교육기관에서 다양한 ESG 프로그램을 제공하고, 가정에서 부모가 역할모델이 되고, 지역사회에서 각종 정보가 ESG 관련 요소들을 포함하게 하는 노력이 필요하다.

환경감수성을 기르기 위해서는 환경문제에 대한 인식을 높이고, 환경위기 문제를 학습할 기회를 제공해야 한다. 환경문제는 매우 복잡하므로 단편적 지식이 아닌 환경문제에 대한 체감이 실천으로 이어질 수 있는 교육이 필요하다. 또한 지속가능한 발전 교육 관점으로 환경문제를 효과적으로 해결하려면 영아기부터 환경교육이 시작되어야 한다. 영유아기는 환경문제의 현상과 원인, 대응 방법 등을 이해할 수 있는 시기이며, 동화, 동극, 게임 활동과 같이 발달에 적합한 방법으로 교육활동이 제공된다면 그 효과는 더욱 높아질 것이다(한유미, 주안나, 김정연, 최경화, 2024).

3) 영유아교육기관의 ESG 교육

(1) 환경에 초점을 둔 ESG 교육의 방향

환경교육은 하나의 독립적인 교과목이 아닌 경제적, 사회적 관점과 연계하여 총체적이고 통합적인 이해가 이루어질 수 있는 지속가능한 발전 방향으로 나아가야 한다(박소연, 2020). 이에 더하여 최근 관심이 모아지고 있는 ESG 개념을 반영하여 인간과 환경, 나의 주변을 둘러싸고 있는 지역사회 그리고 함께 살아가고 있는 주변 공동체를 고려한 환경교육을 계획하는 것이 바람직하다. 영아의 경우에도 주변 환경에 관심을 가지고 문제를 해결하기 위해 노력하는 것이 가능하므로 이들에게 참여 기회를 줄 수 있는 환경교육이 필요하다. 따라서 영유아교육기관에서 이루어지는 환경교육은 영아가 참여하는 직접 경험이 중요하며, 공공의식과 같은 바람직한 가치관 형성에 도움을 주며, 이를 통해 영아 스스로 자신이 속한 사회에 공헌할 수 있다는 사실을 인식하고 시민의식의 기초를 형성할 수 있어야 한다.

ESG의 중요성에도 불구하고 현재 영유아교육 현장에는 교사가 쉽게 참고할 만한 자료가 많지 않으며, 놀이 속에서 영아가 ESG 가치를 직접 체험하도록 개발된 프로그램을 찾기 어려운 실정이다, 또한 '환경생태교육', '환경교육', '환경보호' 등 주로 환경 요소에 초점을 두고 ESG 교육이 이루어지고 있는 경향이 있다. 영아를 위한 ESG 교육과정을 운영하기 위해서는 다음과 같은 사항을 유념해야 한다.

① 먼저 교사 자신이 ESG에 대해 이해하고 확고한 신념 및 가치관을 갖고 있어야 한다. 이와 같은 교사의 인식은 자신의 교수 행동이나 환경구성 등에 반영되어 영아의 발달과 학습, 태도와 가치관 등에 지대한 영향을 미치기 때문이다.

② ESG 교육에는 단순히 한 가지 방법만 있는 것이 아니다. 시간과 장소, 사람 등에 따라 ESG 교육은 다양한 형태로 변형될 수 있다.

③ ESG 교육은 이벤트가 아니라, 영아의 일상생활에서 놀이와 통합되어 이루어져야 한다. 영아가 주체가 되어 놀이 안에서 그 의미를 탐색하고 자유롭게 자신의 의견을 표현할 수 있을 때 교육 효과가 크기 때문이다.

④ ESG 교육은 영유아교육기관을 넘어 가정 및 지역사회와 연계하여 이루어져야 한다. ESG 교육은 공동의 참여를 통해 새로운 의미를 함께 창조해 나가는 과정이기 때문이다.

(2) 영아를 위한 ESG 교육의 효과

ESG는 지속 가능한 발전과 책임 있는 의사결정을 촉진하는 다양한 원칙을 포함한다. 영아들에게 이러한 개념을 일찍 소개함으로써, 이들이 지속 가능한 미래를 형성하는 적극적인 참여자가 되도록 도울 수 있다. 영아를 위한 ESG의 장점이 무엇이며, ESG 원리를 그들의 삶에 통합하는 것이 왜 중요한지 살펴보면 다음과 같다(ANTT Robotics Ltd, 2023).

① 환경에 대한 인식

영아에게 ESG 실천에 대해 교육함으로써, 어릴 때부터 환경에 대한 인식을 심어줄 수 있다. 예를 들어, 자연을 아끼고, 폐기물을 줄이며, 에너지를 보존하는 것의 중요성에 대해 학습할 것이다. 이러한 지식을 통해 아이들은 재활용, 대중교통 이용 등 환경에 긍정적인 영향을 미치는 선택을 할 수 있다.

② 사회적 책임

ESG 원리는 사회적 책임의 중요성을 강조하기 때문에 영아들은 공감, 배려, 공정함 등의 중요한 가치들을 느끼게 된다. 또한 이들은 자신의 배경이나 상황과 관계없이 타인을 배려하고 존중하며 대하는 것의 중요성을 이해하고 실천하게 될 것이다. 이와 같은 가치관을 육성함으로써 포용적이고 공정한 사회가 이루어질 수 있다.

③ 윤리적 의사결정

영아들에게 ESG 실천을 소개하는 것은 도덕적 가치와 윤리적 의사결정 기술의 발달을 돕는다. 이들은 자신의 행동이 다른 사람들에게 미치는 영향을 고려하고 그들의 가치에 맞는 선택을 하는 것을 배울 것이다. 이와 같은 비판적이고 윤리적 사고를 통해 이들은 복잡한 상황을 탐색하고 자신과 공동체 모두의 이익에 부합한 선택을 할 수 있게 된다.

④ 장기적인 사고

ESG 원칙은 장기적인 사고와 계획을 장려한다. 영아들에게 자신의 행동이 미래 세대에 미치는 영향을 고려하도록 가르침으로써, 책임감을 길러 줄 수 있다. 아이들은 지속 가능한 실천의 중요성과 미래 사용을 위한 자원보호의 필요성을 이해할 것이다. 이를 통해 아이들은 더욱 지속가능하고 회복력 있는 세계의 발전에 기여할 수 있게 된다.

⑤ 경제적 역량

ESG 원칙을 교육에 통합하면 영아들의 경제적 역량을 증진할 수 있다. 아이들은 지속 가능한 회사에 투자하고 이들의 가치에 맞는 사업을 지원하는 것의 중요성에 대해 배울 것이다. 이러한 지식을 통해 이들은 정보에 입각하여 재정적 결정을 내리고 지속가능한 경제의 성장에 기여할 수 있다.

2. 환경감수성을 기르는 ESG 디지털 놀이의 개발 특징

이러한 맥락에서 호서대학교 디지털과 영유아교육연구소에서는 다음과 같은 점에 초점을 두고 영아의 환경감수성을 기르는 ESG 디지털 놀이를 개발하였다.

1) 개발 과정

(1) 목적 및 대상

앞서 살펴본 바와 같이 ESG는 지속 가능한 발전과 책임 있는 의사결정을 촉진한다. 따라서 본 프로그램은 영아들에게 ESG 개념을 일찍 소개함으로써, 이들이 지속 가능한 미래를 형성하는 적극적인 참여자가 되도록 돕는 것을 목적으로 만들어졌다. 유아 이상을 대상으로 하는 대부분의 ESG 교육과 달리, 본 프로그램은 2세의 환경감수성을 길러주는 것을 목표로 한다.

(2) 개발 절차

본 수업의 모든 주제는 환경이며, 다양한 생활주제 및 과학 개념과 연계하여 수업을 구성하였다. 모든 수업은 수차례의 협의와 수정을 통해 계획안을 작성했으며, 현장 적용 후 다시 수정 보완하는 과정을 거쳤다.

(3) 매체 및 자료

주제가 ESG임에 따라 가급적 친환경적 재료 또는 재활용품을 사용하고자 했다. 이러한 맥락에서 모든 수업에 디지털 매체가 1~2가지 이상 활용되도록 하였다. 그리고 가능한 한 디지털 매체의 사용방법이나 제작방법을 상세히 설명하였다.

(4) 가정 및 지역사회 연계

영아의 경우 환경 관련 지식의 습득뿐만 아니라 직접적인 체험과 실천을 통한 교육을 하며, 이는 가정에서 나아가 지역사회와의 연계를 통해 계속적으로 이루어져야 한다(임혜영, 2024). 이에 모든 수업에서 영유아교육기관에서의 활동을 심화 확장한 가정연계활동과 지역사회연계활동을 제시했다.

(5) 기대효과

본 프로그램을 통해 영아는 ESG에 대한 이해와 더불어 환경감수성이 향상될 것이다. 그리고 이는 궁극적으로 환경문제에 대한 지식, 기능, 가치, 신념, 태도와 감수성을 가지고 자신의 행동을 통제하는 환경책무성(임형백, 2002)으로 이어질 수 있다. 아울러 모든 활동에 디지털 요소를 포함함으로써 교사와 영아의 디지털 리터러시 역량이 향상될 것이다.

(6) 활용방법

이 책에 제시된 놀이의 시작은 영아의 일상생활 속에서 발견되었다. 발견된 놀이 속에서 ESG 요소를 적용하여 자연스러운 놀이가 진행되도록 다양한 사례와 활동을 소개하였다. 전체적인 놀이의 흐름을 이해하고 영아들의 발견과 호기심을 따라 간다면 이 책에서 제시한 내용보다 더 재미있는 놀이가 진행될 것이다.

더 나아가 놀이의 흐름을 한눈에 볼 수 있도록 놀이의 발견, 놀이 실행, 놀이 마무리로 정리해 놓았으며, 같은 주제지만 다른 관점에 따라 전혀 다른 놀이 진행이 될 수 있음을 이해하고 이 책의 놀이 흐름은 하나의 사례이자 예시 자료로 사용되길 바란다.

디지털 매체 소개는 큐알코드를 삽입하여 내용을 이해하기 쉽도록 하였으며, ESG 요소를 어려워하는 교사를 위해 환경상식이나, 가정연계활동, 지역사회연계 그리고 부록으로 ESG를 위한 환경지식을 수록하였다.

이 책을 통해 영아들의 자연스러운 놀이 속에서 환경감수성을 기르는 ESG 디지털 놀이가 실현되길 바란다.

PART 2

영아들의 환경감수성을 기르는 ESG 디지털 놀이의 실제

나는야 바다 지킴이 해적

대상 연령	생활 주제	ESG 요소
2세	자연	자원 및 폐기물관리

디지털 활용 요소

태블릿PC

디지털 지도에서 쓰레기의 위치를 탐색하는 활동

크로마키

동영상, 사진 촬영 시 배경제공

아키스케치

3D 인테리어 가구 배치 시뮬레이션

활동 자료

동화책

손인형

해적모자

실내지도

망원경

갈고리

쓰레기 바구니, 각종 쓰레기, 지도

표준보육 과정

자연탐구 > 탐구과정 즐기기 > 주변 세계와 자연에 대해 호기심을 가진다.
예술경험 > 창의적으로 표현하기 > 일상생활 경험을 상상놀이로 표현한다.

활동 목표

바다를 깨끗하게 만드는 방법을 알아본다.
해적이 되어 바다를 지키는 방법에 관심을 갖는다.

놀이의 시작

바다로 여행을 다녀온 영아가 선생님에게 바다에 다녀온 이야기를 재잘재잘 해주었다.
친구의 이야기에 관심을 보인 다른 영아들도 삼삼오오 모여 바다에서 본 경험들을 이야기 나누었다.
모래 속에 쓰레기가 있어서 발바닥이 아팠다는 영아의 이야기를 듣고 우리가 바다를 지키기 위해 어떤 일을 할 수 있을까 생각해 보았다.

영아들은 바다를 지키기 위해 쓰레기를 줍겠다면서
바닥에 놓여있는 놀잇감들을 쓰레기인 양 바구니에 담으며 놀이하였다.

해적놀이 전에 영아들과 피터팬 동화책을 함께 읽어 보고 해적에 대한 사전배경을 쌓아 보았다.

영아들과 피터팬 동화책을 듣고
피터팬에 나오는 인물들에 대해 이야기를 나누었다.
해적에 대해 알려주며 해적의 생김새에 대해
이야기를 나누어 보았다.

영아들과 해적이 되어 바다를 깨끗이 치워주자며
이야기를 나누고 해적으로 변신할 준비를 하였다.

놀이 흐름도

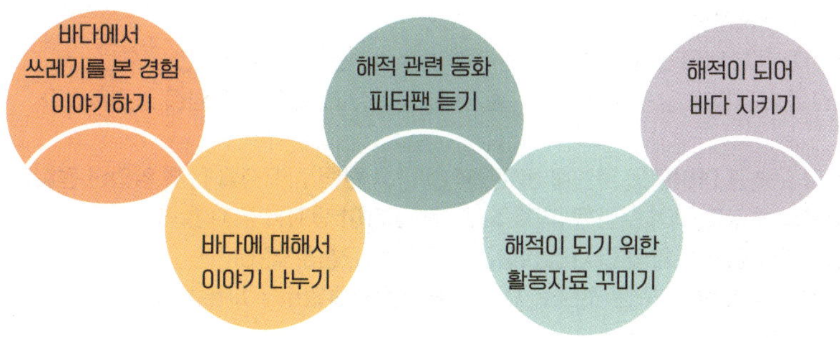

놀이실행

해적으로 변신하기

알록달록 ~
쓱싹쓱싹~

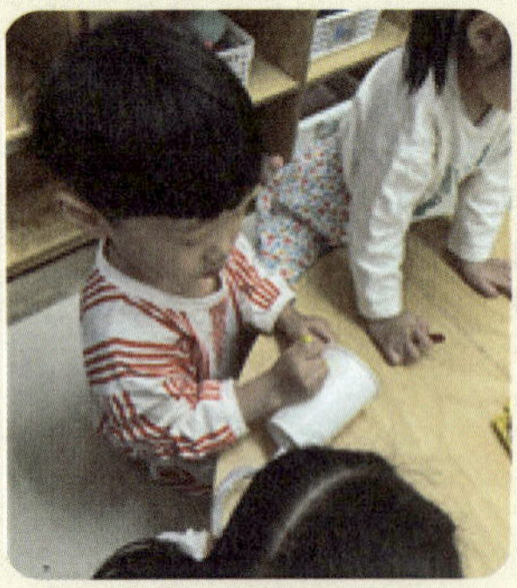

나만의 멋진 해적
갈고리를 만들어야지~

영아들이 직접 해적용품 갈고리와 망원경을 꾸며주었다. 피터팬 동화책을 통해 해적의 이미지를 알게 된 영아들과 해적의 생김새에 대해 이야기를 나누며 놀이를 진행하였다.
영아들이 주도적으로 해적의 모습을 상상하며 미술놀이에 참여하였다.

영아들과 직접 꾸민 해적용품을 착용하였다. 영아들은 자신만의 갈고리와 망원경을 서로 보여주고 교사에게 자랑하며 뿌듯해하였다.
직접 꾸민 용품이라서인지 더욱 소중히 여기며 활동에 참여하려는 모습을 보였다.
영아들에게 망원경의 사용법을 알려주고 쓰레기를 더 잘 찾기 위해 필요한 것임을 알려주었다.

갈고리를 한 해적의 모습과 아이들의 모습을 비교해주며 다시 한번 피터팬을 함께 읽었던 경험을 이끌어 주었다.
갈고리의 후크 부분을 호일을 구겨 모양을 꾸며 주었는데 모양이 유지가 되지 않아
놀이 중에 영아들이 교사에게 모양을 다시 잡아달라며 도움을 요청하였다.
추후에는 후크 안에 고정이 될 수 있는 것으로 지지대를 만들어 호일로 감싸는 방법으로 수정보완하여
놀이할 수 있게 지원하여야겠다.

나는야 바다 지킴이 해적

해 적 : 안녕! 친구들~ 나는 바다를 지키는 해적이야. 너희 혹시 바다 가봤니?
영아1 : 네~ 엄마랑 갔어요.
영아2 : 아빠랑 엄마랑 차 타고 갔어요.
해 적 : 그런데 요즘 내가 너무 속상해.
사람들이 바다에 쓰레기를 너무 많이 버려서 바다에 사는 동물 친구들이 힘들대.
너희들이 나를 도와 바다에 떨어진 쓰레기를 주워줄 수 있겠니?

영아들과 손인형을 통해 해적이 되어 바다를 지키는 방법에 대해 이야기를 나누었다.
미리 3D인테리어 앱을 통해 제작한 쓰레기지도를 보고 쓰레기의 위치를 확인하였다.
쓰레기지도를 통해 교실 내 쓰레기를 찾는 놀이를 하였다.

영아들이 교실 곳곳에서 쓰레기를 찾아 쓰레기 바구니에 모아 보았다.
서로 찾은 쓰레기도 확인하며 더 많은 쓰레기를 찾기 위해 집중하였다.

놀이마무리

후크선장 인증샷~

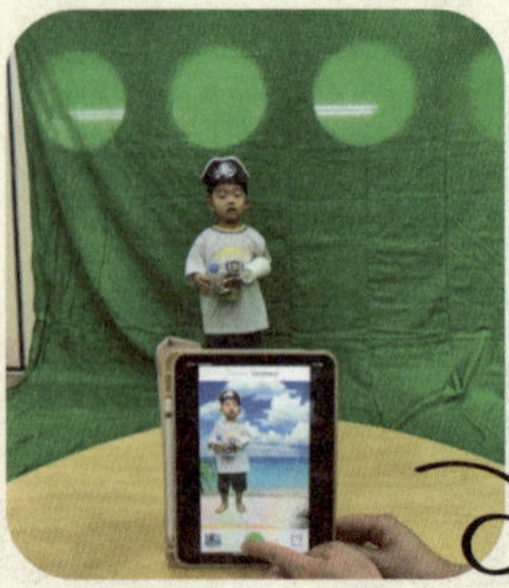

쓰레기를 모은 후 크로마키 앱을 이용하여 인증사진을 찍어보았다. 초록색 바탕에 서있었지만 디지털기기 화면에는 바다로 표현되는 것을 영아들이 보고는 우와! 하며 신기해 하였다.

영아들과 크로마키 앱을 활용하여 찍은 사진을 함께 감상하며 느낀 점을 이야기 나누었다.

분리배출 방법에 대해서 이야기 나누고 가정에서도 부모님이 쓰레기를 분리배출 할 때 같이 해보기로 하였다.

영아들이 가정에서도 분리배출을 통해 반복적으로 경험을 쌓을 수 있도록 하였다.

원내에 분리배출을 지속적으로 경험하고 실천할 수 있도록 분리배출쓰레기통을 설치하고 우유갑/폐건전지/병뚜껑을 모을 수 있도록 통을 마련하여 영아들과 가정, 원이 모두 지속가능한 실천을 할 수 있도록 지원하였다.

우리의 작지만 불편한 실천들이 모여 바다쓰레기가 줄어들어 바다를 지킬 수 있기를 희망한다.

나는 바다지킴이 해적 시연 동영상을 통해 전체적인 놀이흐름을 알아보자.

https://www.youtube.com/watch?v=7ezOpkHEDKU

나는 바다지킴이 해적 시연 영상

가정연계

분리배출 함께 하기

가정에 분리배출 함께 하기 챌린지를 안내하였다.
영아들이 가정에서 분리배출에 함께 참여하고
인증 사진을 찍어 알림장을 통해
참여 인증을 하였다.
영아들과 분리배출에 참여한 이야기를 나누며
다시 한번 환경보호에 대해 강조하였다.

분리배출 4대 원칙 '비행분석'

1. 비운다 - 내용물은 깨끗이 비우고 배출
2. 헹군다 - 이물질은 닦거나 헹궈서 배출
3. 분리한다 - 라벨은 제거하여 배출
4. 섞지 않는다 - 종류별로 구분하여 배출

지역사회연계

분리배출 방법 안내하고 실천 독려하기

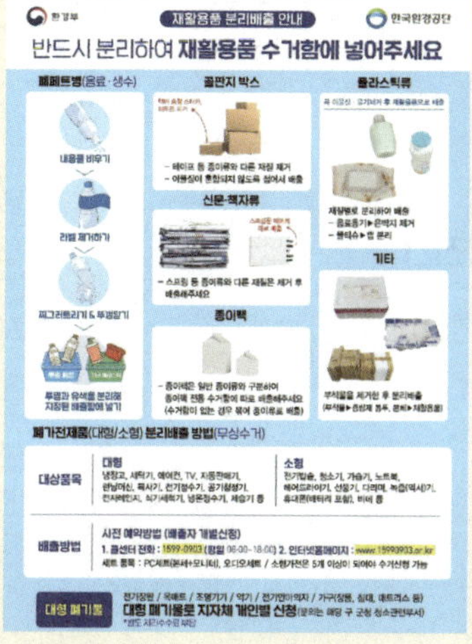

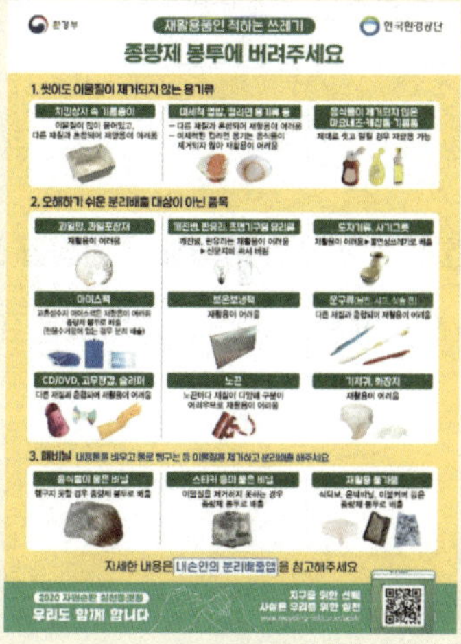

분리배출알아보기

분리배출 방법

환경부 홈페이지 https://me.go.kr

꿀벌들이 사라졌어요

대상 연령	생활 주제	ESG 요소
2세	동식물	기후변화 및 탄소중립

디지털 활용 요소

동작 인식으로 대근육 신체 활동을 돕는 VR컨텐츠

VR 액션큐

영상을 재생하기 위한 디지털 매체

빔프로젝터

PPT동화를 들려주기 위한 디지털 매체

노트북

활동 자료

PPT동화

꿀벌머리띠

꿀벌옷

크레파스

롤러

물감 패드

꿀벌 통

표준보육 과정

자연탐구 > 탐구과정 즐기기 > 주변 세계와 자연에 대해 호기심을 가진다.

예술경험 > 창의적으로 표현하기 > 일상생활 경험을 상상놀이로 표현한다.

활동 목표

꿀벌에 관심을 가진다.
꿀벌의 움직임을 따라서 모방 놀이를 즐긴다.
사물과 자연을 반복하여 탐색하기를 즐긴다.

놀이의 시작

바깥놀이 시 꿀벌을 찾은 영아가 "꿀벌이다"라고 표현을 하여 꿀벌에 관심을 보이는 영아에게 "정말 꿀벌이네. 꿀벌이 어떻게 날아가고 있어?" 교사의 질문에 한 영아가 꿀벌이 날아다니는 모습을 흉내를 내었다. 이를 보고 다른 친구들도 꿀벌처럼 날아다니는 놀이를 하였다.

교실로 들어온 영아가 꿀벌이 있는 그림책을 가져와 교사에게 읽어 달라고 하여 '그만! 꿀벌 달달 대작전' 그림책을 영아들과 읽어보았다.

꿀벌책을 읽고 난 영아들은 교실과 복도에서 꿀벌이 되어 날아다니는 흉내를 내며 꿀벌에 관심을 보이기 시작하였다.

그만! 꿀벌 달달 대작전 영상

놀이 흐름도

1. 산책 시 꿀벌 발견
2. 꿀벌 관련 PPT동화 듣기
3. 꿀벌 머리띠, 꿀벌 옷 만들기
4. 꿀벌처럼 움직여보기
5. 꿀벌 옷 입고 산책하기

환경상식

꿀벌이 사라진 이유

꿀벌이 사라진 이유에는 여러 가지가 있다. 주요 원인 중 하나는 농약 사용의 증가이다.
특히 네오니코티노이드 계열의 농약은 꿀벌의 신경계를 손상시키고, 방향감각을 잃게 만들어 결국 벌통으로 돌아오지 못하게 한다.
또한 기후 변화도 꿀벌 서식지와 먹이원의 변화를 초래하여 꿀벌의 생존을 어렵게 만든다.
마지막으로 단일 작물 재배와 같은 현대 농업방식은 꿀벌에게 필요한 다양한 꽃가루와 꿀을 제공하지 못해 영양 결핍을 초래한다.
그리하여 꿀벌의 개체 수가 급격히 줄어들고 있으며, 이는 생태계와 인류에게 큰 위협이 되고 있다.

놀이실행

꿀벌이 하는 일 영상을 시청했어요

오전 간식으로 나온 수박을 보고
"수박이다."
"선생님 나 수박 좋아해요." 하였다.
"수박이 어디에서 자랄까? 나무에서 자랄까? 땅에서 자랄까?"
교사의 질문에 "땅이요." 라고 말했다.

"땅에서 자라는 과일 수박, 참외와 나무에서 자라는 사과는
꿀벌이 꽃가루를 묻혀주어야 커다랗게 열매를 맺을 수가 있어."
"우와 어떻게 꽃가루를 묻혀줘요?"

영아들과 꿀벌이 꽃가루를 묻혀주는 동영상을 시청하였다.

하지만 요즘은 꿀벌이 없어지고 있어서 슬프다고 이야기해주고
꿀벌이 되어 보기로 하였다.

꿀벌 옷과 머리띠 만들기

영상을 시청한 후 꿀벌이 되고 싶어 하는 영아들의 흥미를 반영해 꿀벌 날개 꾸며주기를 하였다.

"난 크레파스로 날개를 꾸며줄래."
"선생님 나는 물감으로 꾸며주고 싶어요."
"꿀벌이 엉덩이에는 침이 있어서 조심해야 해."

꿀벌의 생김새를 이해하고 있는 영아들은 자유롭게 꿀벌을 꾸며주며 빨리 꿀벌이 되고 싶어 하였다.

꿀벌이 되어보아요

액션큐 VR을 이용한 신체활동

왕벌의 비행 노래를 들으며 꿀벌처럼 날아보았다.

막심 왕벌의비행

출처: 유튜브

스페셜 꿀벌데이

꿀벌이 되어 꽃꿀을 바구니에 담아보았다.

계란판을 활용하여 꿀벌집을 만들어 영아들이 집중하며 꿀벌집에 꿀을 가득 채워주었다.

직접 꿀벌이 되어 벌집에 꿀을 넣어 보는 놀이와 꿀벌이 쉴 수 있는 꿀벌 집을 만들어 놀이하였다.

여러 가지 벌집 모양놀이를 통해 영아들은 꿀벌이 열심히 꽃 꿀을 모으는 과정을 알 수 있었다.

놀이마무리

꿀벌을 찾으러 나가요

풍선 꽃 꿀을 가지고 꿀벌을 찾으러 바깥놀이를 나갔다. 5월이라 꿀벌을 쉽게 찾을 수 있었지만 아이들이 벌에 쏘일까 봐 가까이 다가가기 어려웠다.

아쉬워하는 영아들의 모습을 보면서 꿀벌놀이가 아이들에게 큰 의미가 있었음을 알 수 있었다.

꿀벌이 없으면 인류가 멸망한다는 이야기가 있다. 그만큼 꿀벌은 우리에게 소중한 존재이다. 따뜻한 이상기후로 인해 겨울에도 활동을 시도한 꿀벌들의 체력저하 또는 벌통 실종사건이 발생되었다.

꿀벌들이 없어지면 싫어요!

꿀벌들이 날아와 꽃 꿀을 가져갈 수 있도록 "데이지 꽃" 화분 심기 활동을 진행하였다.

가정연계

기후위기를 막기 위해 함께 노력해요

기후위기는 현재 인류가 직면한 가장 심각한 문제 중 하나이다.
지구 온난화로 인해 극지방의 얼음이 녹고 해수면이 상승하며,
극심한 기후 변화가 빈번해지고 있으며,
이러한 변화는 생태계의 균형을 깨뜨리고,
식량과 물 부족, 심각한 기상 재해를 초래한다.
기후위기를 해결하기 위해 할 수 있는 일은 생각보다 많다.
일상 생활에서 에너지를 절약하고,
재생 가능한 에너지를 사용하는 것을 실천해 볼 수 있다.
또한 대중교통을 이용하거나 자전거를 타고,
일회용품 사용을 줄이며, 재활용을 철저히 하는 것도 중요하다.
나아가 환경보호 단체에 참여하거나
기후 정책을 지지하는 목소리를 내는 것도 도움이 된다.

가정에 기후위기의 심각성을 알리고
우리가 아이들과 해 볼 수 있는 활동을 소개했다.
3월부터 각 가정에서 재활용품을 씻고 말려서
원으로 가지고 올 수 있도록 하였고
모인 재활용품은 미술활동으로 재사용했다.
이 활동은 한 학기 동안 지속적으로 진행되었다.

지역사회연계

녹색소비자연대는
소비자의 권리를 보호하며 환경을
고려하는 소비생활을 실천함으로써
생태환경을 보전하며 안전하고
인간적인 사회를 건설하는 데
이바지한다.

녹색소비자연대와 함께하는 부모교육

환경교육에 관심있는 주변
어린이집과 연계하여
부모교육을 진행하였다.

환경에 대한 부모인식 개선을
통해 영아들이 가정에서도
지속적으로 환경에 관심을
가질 수 있는 계기가 될 수
있는 시간이었다.

스마트팜에서 키우는 새싹

대상 연령	생활 주제	ESG 요소
2세	자연	생태계 및 생물다양성

디지털 활용 요소

스마트팜

식물 성장의 빛, 물을 조절하는 기계

한눈에 식물 앱

한눈에 식물 앱

식물 이름 찾기
식물 쉽게 키우는 관리 앱

활동 자료

씨앗

씨앗 관찰판

재활용 컵

그림책

돋보기

미술 도구

표준보육 과정

자연탐구 > 자연탐구 > 주변의 동식물에 관심을 가진다.
의사소통 > 듣기와 말하기 > 자신의 경험, 느낌, 생각을 말한다.
예술경험 > 창의적으로 표현하기 > 미술 재료와 도구로 표현해 본다.

활동 목표

새싹에 관심을 가지고 관찰한다.
관찰하며 본 것을 이야기할 수 있다.
다양한 재료를 사용하여 표현해 본다.

놀이의 시작

바깥놀이를 나간 영아들이 화단에 있는 새싹을 보고는
"싹이 나왔어요!" 하며 흥미를 보였다.
그러고는 "새싹은 어디서 나와요?"라고 물어보았다.
영아들은 새싹이 어디서 나왔는지 흥미를 보였다.

우와~ 새싹이 나왔어요!

'교실에 있는 작은 씨앗' 그림책을 보고는
"새싹을 키우고 싶어요."라는 영아의 이야기에
교사가 싹을 틔우는 여러 가지 씨앗을 관찰할 수 있도록
제공하면서 '새싹이 돋아나요' 놀이가 시작되었다.

우리도 새싹을 키워요

문종훈 글 · 그림 | 한림출판사

놀이 흐름도

1. 새싹을 발견하기
2. 씨앗을 관찰하기
3. 스마트팜에 씨앗 심기
4. 스마트팜에서 자라는 상추 관찰하기
5. 재활용컵으로 상추집 꾸미기

놀이실행

씨앗을 관찰해요

영아들이 새싹이 어디서 나오는지 관심을 가짐으로부터 시작해 자연스럽게 씨앗 관찰 활동으로 이어졌다.

영아들은 여러 가지의 씨앗을 보고 만지며 "이게 뭐야?"라고 물으며 관심을 가졌고 교사는 이 과정에서 영아들과 상호작용하며 자연스럽게 여러 가지 씨앗의 이름과 씨앗에 대해 알려줄 수 있었다.

"새싹은 씨앗에서 자라는 거구나!"
영아들은 여러 가지 씨앗 종류를 오감으로 관찰하였다.
교사는 이때 영아들에게 자유롭게 관찰할 수 있도록 기회를 제공해주는 지원자의 역할뿐만 아니라 탐색할 수 있도록 확장 활동을 기획 제공하였다.

스마트팜에 씨앗을 심어봐요

영아들은 씨앗 관찰 활동 이후 자연스럽게 자라나는 식물에 대한 관심으로 이어졌다.
교실에서 자라기 좋은 온도, 습도를 유지해 주는 '스마트팜' 디지털 기계를 이용해서 씨앗을 심었다.
관찰이 용이하고 키움 난이도가 낮으며 성장이 빠른 상추 씨앗을 심어 보았다.

활동 중에 영아들이 씨앗을 입에 넣지 않도록 교사가 각별히 주의하였다.
씨앗 심기 활동을 하고 나면 교사는 아이들에게 활동을 제안하고 끝나는 것이 아니라 영아의 관심이 지속적으로 이어져 확장할 수 있도록 유도하며 환경을 제공하는 역할을 하고자 노력하였다.

스마트팜에서 상추가 쑥쑥 자라요

스마트팜에 씨앗을 심고난 후 씨앗에서 자라는 새싹을 하루하루 살펴보는데 영아들이 흥미를 느꼈다. 교사는 자연스럽게 자라나는 상추를 관찰할 수 있도록 여러 가지 관찰 도구를 함께 환경구성 함으로써 영아들의 흥미가 지속되도록 지원하였다.

영아들이 상추심기 활동 이후 자신이 심은 씨앗이 자라는 과정과 대해 직접 보고 배우는 과정에 즐거움을 느끼고 식물의 소중함을 느껴가는 활동이었다.

스마트팜 활용방법

1. LED램프와 펌프에 플러그를 연결한다.
2. 스마트팜 통 안에 깨끗한 물을 채우고 영양제를 넣어준다.
3. 그로잉 스펀지 안에 씨앗 2~3개씩 넣어준다.
4. 전원을 누르고 키우기 시작한다.

스마트팜

더 큰 상추를 키우고 싶다는 영아들에게 직접 흙을 만져보고 상추뿐 아니라 모도 직접 심어보는 놀이를 하였다.

놀이마무리

영아들이 상추를 꾸준히 관찰하고 키우고 나니
가정으로 가져가 가족들과 먹어보고 싶다고 하였다.

가족들과 함께 요리 활동도 진행해 보면서 식물이 주는 즐거움과
식물의 이로움을 느끼게 하기 위한 가정연계 활동을 계획하였다.
상추를 가정으로 가져가기 위한 상추 집을 만들어
영아들이 직접 키운 상추를 소중히 가정으로 가져갈 수 있도록
하였다.

재활용품을 사용하는 경험을 제공하기 위해 가정에 보낼 상추집 통은 재활용할 수 있는 재료들로 준비하여 꾸며보았다. 상추집을 만든 후에 영아들은 상추에 더 많은 관심을 보였다.
상추놀이 이후 영아들은 식물을 볼 때마다 어떤 식물인지 관심을 보였다.
교사는 '한눈에 식물 앱'을 통하여 여러 식물에 대해 알아보는 활동도 진행하였으며,
가정으로 스마트팜에서 키운 상추를 보내고 어린이집 텃밭에 상추를 심어 연계활동으로 진행하였다.

한눈에 식물 앱

1. 큐알 코드를 활용하여 '한눈에 식물 앱'을 사용한다.
2. '한눈에 식물 앱'을 통해서 우리가 궁금한 식물을 찾아보며
   식물에 대한 마음을 키운다.

https://play.google.com/store/apps/details?id=org.name.onesearchrnapp

가정연계

[ESG 재활용 활동하기]

ESG 재활용 활동 연계로 가정에서 영아들이 사용했던 플라스틱 컵을 어린이집으로 가져와서 씨앗을 심고 상추집으로 재사용하였다.
어린이집에서 키운 상추를 가정으로 가지고 가서 가족들과 함께 요리를 하고 먹어보면서 우리 몸에 채소가 좋은 이유와 식물을 키우는 즐거움에 대해 가족들과도 이야기 나누도록 안내하였다.

요리하는 모습과 완성된 모습이 촬영된 사진들을 원에서 제공받아 상추 요리 콘테스트를 진행하고 가정에서 보내온 사진을 영아들과 보면서 이야기를 나눠보았다.

지역사회연계

[천안시 농업기술센터]

주소 : 충청남도 천안시 동남구 목천읍 목천안터1길 15
연락처 : 041-521-2962

-천안시 농업기술센터 활동-
천안시 농업기술센터는 맞춤 실용 기술로 희망찬 농업·살맛나는 농촌 구현을 위해 다양한 활동을 하고 있다. 농업 유비쿼터스 같은 과학 영농 기반 구축을 하고 있을 뿐 아니라 전문 농업 CEO 양성·소비자 전문 교육, 농촌 자원 개발도 하고 있다.

-어린이 식물관찰 교실 운영-
천안시 농업기술센터 내 사계절 온실을 관람하면서 식물 설명을 듣는 관찰 활동과 직접 흙을 만져가며 식물을 심어보는 실습 활동을 체험하는 프로그램을 운영한다.

빗물 저금통

대상 연령	생활 주제	ESG 요소
2세	날씨와 환경	에너지효율

디지털 활용 요소

빔프로젝터

빛을 이용하여 동영상 이미지를 스크린에 비추는 기계

노트북

빔프로젝터 연결 디지털 매체

활동 자료

우산

비 음악

재활용 컵

색연필, 사인펜

큰 흰색 종이

미술 도구

표준보육 과정

자연탐구 > 자연과 더불어 살기 > 날씨와 계절의 변화를 감각으로 느낀다.
예술경험 > 창의적으로 표현하기 > 미술 재료와 도구로 표현해 본다.
신체운동 > 신체활동 즐기기 > 대소근육을 조절한다.

활동 목표

계절의 따른 날씨의 변화를 느낀다.
빗물을 창의적으로 표현해 본다.

놀이의 시작

비가 주룩주룩 내려요

5월 가정의 달을 맞이하여 가족과 함께했던 경험에 대해 이야기 나누기를 나누었다. 한 영아가 비가 온 날에 장화를 신고 물 위에서 첨벙첨벙 뛰어 논 경험에 대해 이야기를 하면서 비에 대한 놀이 활동이 시작되었다.

비는 왜 내려요?

너무 행복했던 시간이지만 비가 더 자주 오지 않아서 아쉽다는 아이의 말을 들은 교사는 비가 내리는 과정과 최근 지구 온난화로 인한 가뭄이 심해지고 있다는 사실을 알려주었다.

'물을 아끼자'는 주제를 정해 아이들과 놀이하며 빗물저금통을 만드는 놀이까지 이어졌다.

놀이 흐름도

- 빗소리 들어보기
- 빗물 저금통 만들기
- 빗물 저금통 관찰하기
- 빗물 저금통 활용하기
- 빔프로젝터 비 표현하기

놀이실행

빗물 저금통을 만들어요

비가 더 많이 내리기를 바라는 영아들과 함께 빗물 저금통을 만들어보는 활동을 진행하였다.
아크릴 물감을 이용하여 다양한 색으로 저금통을 각자의 방법으로 개성있게 꾸며보았다.
영아들에게 다양한 재료를 제공하고 빗물 저금통을 꾸미는 활동에 재미있게 참여할 수 있도록 지원하였다.

페트병으로 만든 빗물 저금통

빗물을 받고 관찰해요

영아들이 만든 빗물 저금통에 빗물 받기 활동을 하였다.
모인 빗물을 보고 한 영아가 빗물 저금통에 빗물을 받았다고 좋아했고,
다른 영아들은 빗물 저금통에 가득 담긴 빗물을 이용해서 무엇을 해볼지 이야기를 나누었다.
빗물도 모으면 사용이 가능한 걸 알게 된 영아들은 비가 내릴 때마다 빗물이 모일 것을 기대하였다.

빗물 저금통 모은 물로 물총놀이를 해요.

영아들이 빗물 저금통에 있는 빗물로 물총놀이를 하고 싶다고 해서
물총에 빗물을 넣고 물총놀이를 해보았다.
영아들이 자신이 만든 저금통에 있는 물로 물총놀이를 하니
더 신중하고 즐겁게 물총에 물을 담았다.
물총놀이를 통해 빗물 저금통에 모인 빗물로 놀이도 가능하고
물총을 세게 누르면 물줄기가 더 멀리 나갈 수 있다는
것을 알게 되었다.

빗물 저금통 모은 물로 화분에 물을 줘요

물총놀이를 하다가 한 영아가 옆에 있는 화분에 물을 주기 시작하였다.
그러자 다른 영아들도 화분에 물을 주는 활동으로 전환하여
빗물을 모아 물총과 빗물 저금통을 이용해 식물에 물을 주었다.
어린이집에서는 지속가능한 활동으로 빗물 저금통을 이용해서 화분과 텃밭에 물을 주기로 하였다.

놀이마무리

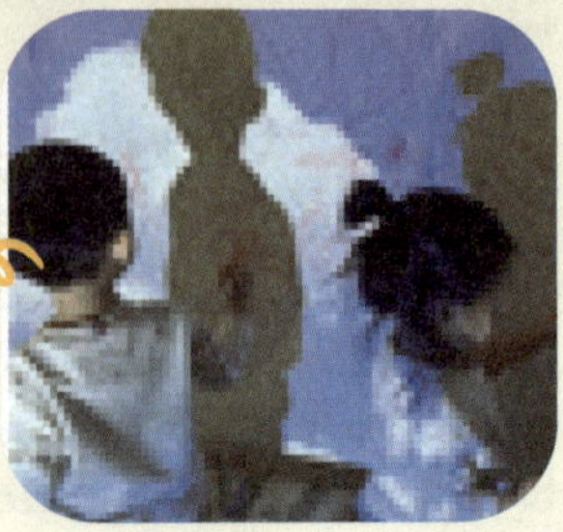

빔프로젝터 위에 하늘 배경을 제공하고 영아들이 비를 표현해 볼 수 있도록 제공하였다.
전지 위에 빨간색, 파란색, 보라색, 초록색 등 다양한 색으로 비를 표현하는 영아들을 볼 수 있었다.
교사는 영아들의 표현을 더욱 풍성하게 해주고자 비 내리는 소리를 들으며 비를 표현할 수 있도록 하였다.
비를 물방울 모양으로 표현하는 영아가 있는가 하면 수직 모양으로 표현하는 영아들도 있었다.
활동 후에는 자신들이 표현한 비를 벽에 전시하여 영아들이 볼 수 있도록 하였다.
빔으로 비가 오는 여름에 날씨뿐만이 아니라 사계절 날씨를 표현해 보는 활동도 진행하면 좋을 것 같다.

빔프로젝터 활용방법
빔프로젝터를 이용하여 하늘 배경 사진을 전지 위에 띄운 후
아이들이 종이 위에 자유롭게 비를 표현해 보도록 한다.

가정연계

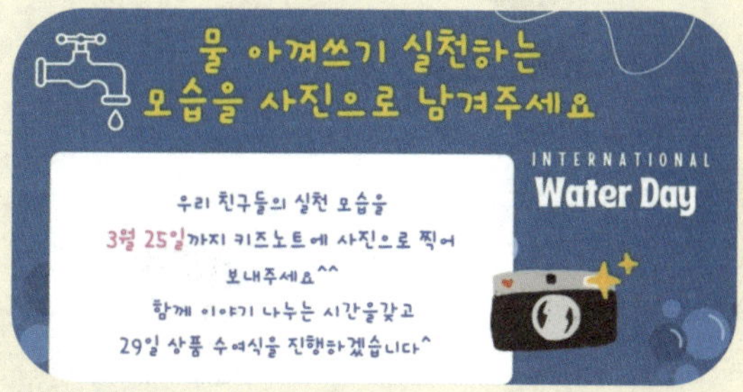

양치컵 사용하기 챌린지'를 가정에서 진행한다.

'세계 물의 날'을 맞아 가정에서
'양치컵 사용하기 챌린지'
실천 사진을 SNS 알림장에
올리면 어린이집 친구들과
사진을 보면서 이야기 나눈다.

지역사회연계

빗물 저금통

노인정에 방문하여 할머니 할아버지께 빗물 저금통을 나눠드린다.

어린이집 인근 노인정에 계신 할아버지 할머니께 자원 순환 빗물 저금통을 소개하고 사용 방법을 알려드린다.
빗물 저금통을 나눠드리고 함께 사용하며 우리 동네 ESG 자원 순환을 할 수 있도록 한다.

땅속 마을이 아파요!

대상 연령	생활 주제	ESG 요소
2세	환경	환경오염 및 환경규제

디지털 활용 요소

노트북

PPT 제작 동화 시청 시 제공

큐알코드

PPT 동화를 큐알코드로 제작하여 제공

활동 자료

PPT 동화

집게/바구니

돋보기

미술자료

표준보육 과정

자연탐구 > 탐구과정 즐기기 > 주변 세계와 자연에 대해 호기심을 가진다.
의사소통 > 책과 이야기 즐기기 > 책에 관심을 가지고 상상한다.
예술경험 > 창의적으로 표현하기 > 감각을 통해 미술을 경험한다.

활동 목표

동화를 통해 땅이 오염되는 이유를 알아보고 우리가 할 수 있는 방법을 실천해 본다.
동화를 감상한 후 느낌과 생각을 이야기로 표현한다.
동화를 감상한 후 동식물을 미술 재료와 도구로 표현해 본다.

놀이시작

지렁이는
"지구 토양의 건강을 지키는 파수꾼"
흙 속의 유기물을 먹고, 배설한 흙을
분변토라고 한다. 이 분변토는
인류가 얻을 수 있는 가장 깨끗하고
안전한 비료가 된다.

놀이터에서 놀이를 하다가
죽은 지렁이를 발견하자
친구들이 주변으로 모여들었다.

"지렁이가 왜 죽었지?" 하고 물어보자
"아픈가 봐."라고 대답을 한다. 지렁이가 죽어있는 모습에 관심을
보이는 친구들에게 '땅속 마을이 아파요' 동화를 들려주면서
땅속 친구들이 왜 아파하는지 이야기를 나눠보았다.

'땅속 마을이 아파요' 동화책을 읽어주었어요!

땅 속 마을이 아파요

사람들이 버린 쓰레기와 농약으로 인해
땅이 오염되어 땅속 친구들과
식물들이 아파하는 동화를 들려주었다.

영아들이 동화를 듣고 땅을 깨끗하게 하기 위해서
우리가 할 수 있는 일들에 대해 이야기를 나눠보았다.
쓰레기를 주워야 한다고 이야기를 하는 영아들과 함께
쓰레기를 주울 준비를 해보았다.

놀이 흐름도

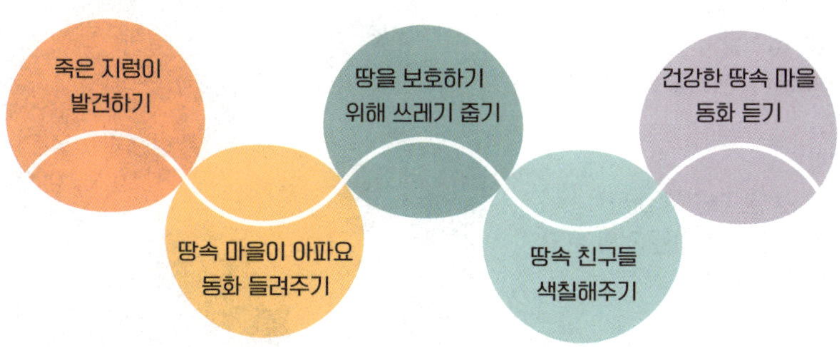

놀이실행

실외활동을 나가 땅 속 친구들 찾아보기

실외활동을 나가 영아가 동화에서 봤던 땅속 친구들을 찾아보았다.
교사 : 땅 속 친구들이 어디 있을까?
영아 : 개미가 어디 있지?
땅을 쳐다보는 영아에게 돋보기를 제공해주었다.
영아 : 여기 개미가 있네~
교사 : 이건 뭘까?
영아 : 이건 뭐지?

돋보기를 지원해 주었어요

돋보기를 이용해 땅 속 친구들을 쉽게 찾을 수 있고
자세하게 탐색하며 놀이할 수 있었다.
놀이 중 주변에 떨어진 쓰레기를 발견한 영아가
쓰레기를 주웠다.
교사 : 이게 뭐예요?
영아 : 쓰레기예요. 안 돼. 개미가 아파.
영아들이 쓰레기를 찾으러 다니는 것을 보고
쓰레기를 주워보기로 하였다.

땅속 친구들을 위해 쓰레기를 주워요

토양오염이란?
사업활동이나 사람의 활동으로 인해 토양이 오염되어 사람의 건강, 재산 및 환경에 피해를 주는 상태를 말한다.

커피 캐리어를 쓰레기 통으로 지원해 주었어요~!

영아들과 커피 캐리어를 활용한 쓰레기통과 집게를 제공해주고
어린이집 주변의 쓰레기를 주우러 나갔다.
영아 : 쓰레기를 주우러 가볼까?
영아 : 내가 다 주울 거야.

쓰레기를 줍다가 한 영아가 집게를 이용해 개미를
잡으려고 하는 모습을 보았다.
교사 : 집게로 개미를 잡으면 개미가 살 수 없어요.
그럼 개미가 많이 속상하겠다.
영아 : 안 돼.
생명을 존중해야 한다는 이야기를 해주었다.
교사 : 우리 친구들이 쓰레기를 주워서 깨끗해졌네.

우리 친구들이 쓰레기를 주워서 땅 속 친구들이
건강해졌을까? 이야기를 하며
'건강한 땅 속 마을을 만들어요' 동화를
만들 준비를 하였다.

놀이마무리

'건강한 땅 속 마을을 만들어요' 동화 만들기

<그림도안>

건강한 땅 속 마을을 만들어요!
동화를 만들기 위해 그림 도안을 제공해 주었다.
교사 : 땅 속 마을 친구들의 그림을 준비했어요.
영아 : 난 나비 색칠할 거야.
영아 : 난 꽃이 좋아.
영아들이 마음에 들어 하는 그림 도안을 가져가 색칠을 해보았다.
그리고 땅 속 친구들의 그림 도안을 칠한 것을 이용해 PPT 동화도 만들었다.

<동화의 주인공이 되었어요>

건강한 땅 속 마을

영아들의 사진과 색칠한 그림 도안을 넣어서
'건강한 땅 속 마을을 만들었어요' 동화를 만들어
친구들과 같이 동화를 보았다.
영아들이 나와 쓰레기를 줍고 깨끗해지는 동화를 보면서
영아 : 우리 쓰레기 주웠지?
놀이했던 일들을 떠올리며 이야기를 나눠보았다.
영아들이 나오는 동화를 큐알코드로 만들어 보았다.

가정연계

건강한 땅 내가 만들 수 있어요!

달걀 껍데기를 으깨서 화분이나
정원에 뿌려주면,
해충들을 효과적으로 예방!!
달걀 껍데기에 함유된
칼슘은 식물의 성장을 도와준다.

건강한 땅 만들기 위해 가정에 공지사항 안내를 한 후
가정에서 보내주신 달걀 껍데기를 이용해 퇴비를 만들어 보았다.
건강한 땅에 농작물(상추, 쑥갓)을 심어 영아들과 키워보았다.

지역사회연계

광덕산 환경교육센터

▶ 국내 최초의 종합형 환경교육센터
2000년 이후 10여 년에 걸쳐 민간이 제안하고,
민간이 주도한 교육/양성, 연구/개발, 네트워크 기능을 갖춘
국내 첫 종합형 환경교육센터이다.

▶민간협력 환경교육장
충청남도와 천안시, 시민과 지역 기업이 함께 참여해 조성한
민관협력사의 성과로, 사회환경교육과 학교환경교육,
민과 관이 함께하는 환경교육 통합센터이다.

▶생태문화와 생태건축 교육장
40여 명 숙박 공간, 야외 무대,
생태도서 중심의 풀꽃도서관, 지열과
풍력·태양광발전, 자연정화 시스템,
흙건축 기법을 망라한
생태문화와 생태건축 교육장이다.

자가용 이용(남천안IC 이용)
경부고속도로 - 천안논산간고속도로 - 남천안IC - 대전/광덕사 방향 - 풍세/광덕사 방향 우회전(이전에서 3.8km) - 광덕사 방향 좌회전(이전에서 3.2km) - 광덕사/마곡사 방향 직진(이전에서 1km) - 마곡사관광지 방향 직진(이전에서 4.5km) - 광덕사환경교육센터(이전에서 800m)

팻말은 마곡사관광지 안내표지판이 있는 광덕산휴게소 사거리에서부터 있음

자가용 이용(정안IC 이용)
천안논산간고속도로 - 정안IC - 마곡사 방향 - 천안/광덕사 방향 우회전 - 곡두터널 - 광덕산환경교육센터(이전에서 1km)

네이게이션 이용 시
주소지(충남 천안시 동남구 광덕면 광덕리 537번지)나 천안 광덕사를 검색하신 후 광덕사 1km 전방(광덕산휴게소 삼거리)에서 마곡사관광지 방향 800m 직진

재활용품을 이용한 3D안경

대상 연령	생활 주제	ESG 요소
2세	도구와기계	자원 및 폐기물관리

디지털 활용 요소

노트북

3D영상 시청 시 제공

3D 영상물

3D 안경을 이용하여 시청할 3D 영상물

활동 자료

휴지심

셀로판지

꾸미기 재료

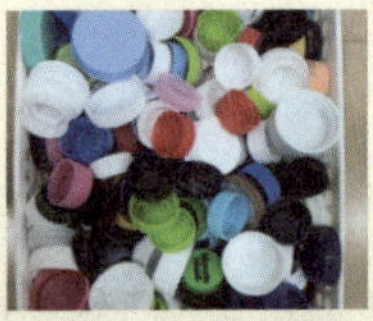

플라스틱 병뚜껑

표준보육 과정

자연탐구 > 생활 속에서 탐구하기 > 물체의 특성과 변화를 여러 가지 방법으로 탐색한다.
의사소통 > 듣기와 말하기 > 자신의 경험, 느낌, 생각을 말한다.
예술경험 > 예술적 표현하기 > 다양한 미술 재료와 도구로 자신의 생각과 느낌을 표현한다.

활동 목표

물체의 특성과 변화를 여러 가지 방법으로 탐색한다.
나의 생각과 느낌을 자유롭게 이야기한다.
다양한 미술 재료와 도구로 창의적으로 표현해 볼 수 있다.

놀이시작

도서 영역에서 안경을 쓰고 책을 읽는 친구를 보고
"너 뭐 해?"
"응~ 나 지금 움직이는 책을 보고 있어."
"책이 움직여?"
"응! 안경을 쓰면 책이 움직여."
"안경을 쓰면 공룡도 움직이고, 고래도 움직이는 걸 볼 수 있어."
"선생님 나도 움직이는 책 보고 싶어요."

3D안경을 경험한 영아의 이야기로 놀이가 시작되었다.

놀이 흐름도

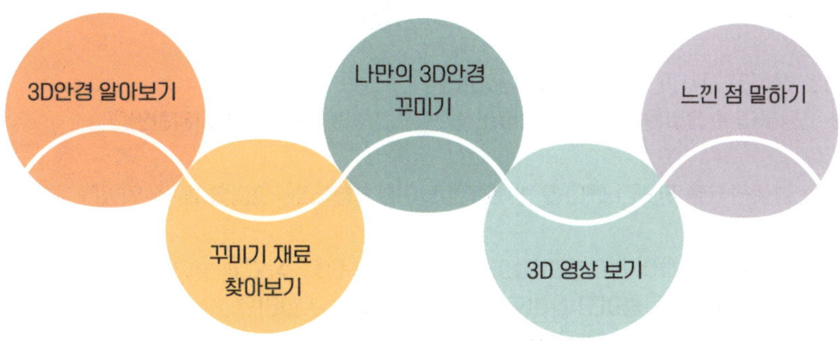

3D안경으로 영상 시청하기

3D안경을 만들기 위해 필요한 재료를 분리배출 영상을 시청하며 영아들이 쉽게 접할 수 있는 휴지심, 플라스틱 병뚜껑으로 함께 결정하였다.
3D안경을 경험한 영아보다 해보지 않은 영아들이 많아 3D안경에 대해 먼저 알아보았다.

놀이실행

나만의 3D안경 만들기

견고함을 위해 키친타올 지심을 사용했어요!

영아들이 흥미를 가질 수 있도록 다양한 색의
셀로판지를 휴지심 크기에 맞게 준비하고
구겨지지 않게 코팅한 후 제공하였다.

셀로판지는 코팅해서 제공해 주세요!

이때 휴지심에 칼집은 교사가 미리 작업해 두었으며
셀로판지를 코팅하여 손잡이를 만들어 영아들이 쉽게 잡고 끼울 수 있도록 지원하였다.

영아들이 직접 셀로판지를 끼웠다 뺐다를 반복하며 놀이에 집중하는 모습을 볼 수 있었다.

크기가 다른 휴지심을 준비하여 영아들이 창의적으로 안경을 만들 수 있게 하였으며,
놀이 중간 영아들이 "솔방울도 붙이고 싶어요.", "나뭇잎도 붙이고 싶어요."
다양한 꾸미기 재료를 원하는 모습을 보였다.
다음 놀이에는 영아들과 만들고 싶은 재료를 함께 찾아보기로 약속하고 만들기 놀이를 마무리하였다.

재활용을 이용한 3D안경

3D 영상 시청하기

양안시차
오른쪽 눈이 보는 이미지-빨간색
왼쪽 눈이 보는 이미지-파란색
겹쳐지지 않게 약간의 차이가
있는 것을 말한다.

다양한 길이의 휴지심을 제공하여 영아들이 놀이에서 짧다, 길다를 스스로 발견하고 이야기하는 모습을 보였다.

양안시차에 의하여 두 눈의 시선이
하나의 물체에 집중되고,
물체가 입체적으로 보인다.

3D 영상 시청 시 주의점

- 3D 영상은 사물이 입체적으로 보여 영아들의 기질에 따라 무서움을 느낄 수 있으므로 다양한 영상을 준비하여 영아들이 흥미 있게 시청할 수 있도록 한다.
- 영아들이 영상물에만 관심을 보일 수 있으므로 3D안경 사용을 올바르게 할 수 있도록 지원한다.

놀이마무리

영아들과 함께 3D안경에 대해 이야기 나누던 중

영아 : 망원경하고 비슷하게 생겼어요.
교사 : 망원경하고 비슷하게 생겼구나.
망원경을 본 적이 있니?
영아 : 네 별을 봤어요.

다음 시간에 망원경을 만들어서 하늘의 별을 보기로 하고
만들기 재료로 자연물과 재활용품을 찾아 나섰다.

가정연계

함께해요 ESG!!

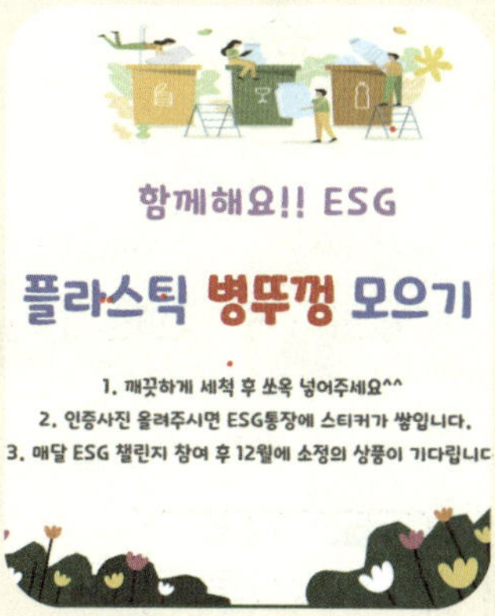

가정에서 가져온 플라스틱 병뚜껑을 담으며 지구를 사랑하는 마음도 함께 커가는 아이들입니다.

지역사회연계

천안홍대용과학관

조선시대의 과학사상가이자 실학자인 담헌 홍대용 선생의 업적을 기리고자 2014년에 담헌선생 생가지 근처에 개관한 과학관으로 800m 반사망원경과 지름 15m 천체투영관, 상설전시관과 과학체험관 등 다양한 시설물을 갖추고 있다.
어린이와 청소년들과 함께 담헌선생님의 위대한 과학사상을 알려주고, 현대천문과학을 함께 체험할 수 있는 공간이다.

천안홍대용과학관은 1층~4층으로 다양한 전시관람과 야간천체관측, 주간관측(태양관측), 천체투영관 영상체험 등을 할 수 있는 과학관이다.

- 1층에는 한국에서 가장 큰 앙부일구(오목해시계)와 혼상 등 조상들의 지혜가 담긴 5개의 천문의기들이 있는 달빛마당과 천체투영관, 다목적 강당이 있다.
- 2층은 기획전시실로 다양한 주제로 특별전시회가 열리는 공간이다.
- 3층은 상설전시실로 홍대용 선생의 일대기와, 업적 등을 소개한 홍대용주제관, 예전부터 현대에 이르는 천문학 이야기가 있는 과학사전시관, 다양한 체험을 할 수 있는 과학체험관이 있는 공간이다.
  다양한 영상기법과 체험형으로 되어 있어 아이들이 지루해하지 않고 즐겁게 관람할 수 있다.
- 4층에는 주관측실과 보조관측실, 교육실 등이 있다.
  이곳에는 건물 입구부터 곳곳에 트릭아트 포토존이 많아 아이들과 재미있는 사진을 찍을 수 있는 공간이 많이 있다.

바람의 힘을 이용해요

디지털 활용 요소

대상 연령	생활 주제	ESG 요소
2세	날씨	에너지효율

저장장치와 연결하여 동영상 시청

노트북

놀이 모습을 동영상으로 저장하는 디지털매체

액션캠

활동 자료

바람동화책

바람개비

종이상자

습자지

선풍기

부채

색연필
크레파스
가위
풀
테이프

표준보육 과정

자연탐구 > 생활 속에서 탐구하기 > 친숙한 물체의 특성과 변화를 감각으로 탐색한다.
신체운동 > 신체활동 즐기기 > 대소근육을 조절한다.
예술경험 > 창의적으로 표현하기 > 미술 재료와 도구로 표현해 본다.

활동 목표

바람의 특징을 알아본다.
바람의 힘을 이용하여 바람개비를 움직인다.
바람의 힘을 이용하여 만드는 에너지에 대해 알아본다.

놀이시작

스카프를 자유롭게 흔들며 놀이하던 중
"내 바람은 힘이 세서 스카프가 날아다녀."
"아냐 내 바람이 더 커."
"난 엄마랑 바닷가에서 엄청 큰 바람개비를 본 적이 있어."
"큰 바람개비? 나도 큰 바람개비 보고 싶어요."
"큰 바람개비가 왜 바다에 있어요?"

바람을 이용한 힘(에너지)에 대해 이야기 나누고 함께 바람개비를 만들어 큰 바람을 이용하는 에너지에 대해 알아보기로 하였다.

놀이 흐름도

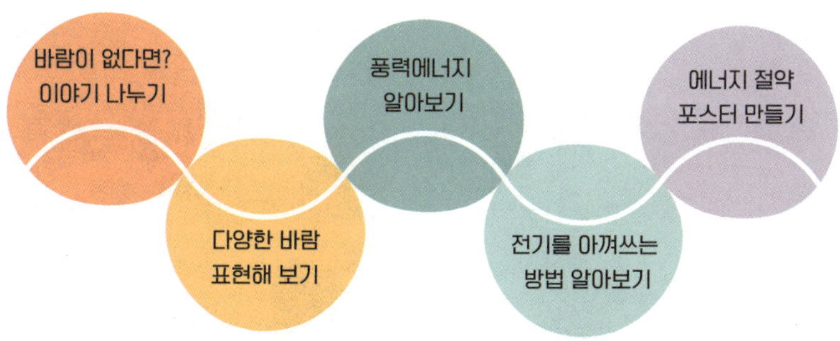

영아들과 함께 '지구를 숨쉬게 하는 바람'이라는 동화를 읽고 바람이 없으면 어떻게 되는지 이야기 나누었다.

교사 : 친구들 바람이 없으면 어떻게 될까?
영아 : 더워요~
교사 : 맞아 바람이 불지 않으면 우리는 땀이 나고 더워질 거야!
영아 : 바람개비를 할 수 없어.
영아 : 그럼 풍선도 못 해.
영아 : 선풍기가 있잖아~ 그럼 안 더워.
교사 : 전기를 아껴쓰지 않으면 선풍기의 바람도 멈춘대~
영아 : 아~그럼 바람을 어떻게 만들지?
교사 : 우리 함께 바람을 만들고 전기도 아껴쓰는 방법을 알아볼까?
영아 : 내가 제일 큰 바람을 만들 거야!!

놀이실행

선풍기 바람의 세기를 조절하며
바람의 크기가 다름을 놀이를 통해 알아 보았다.

파라슈트를 이용하여 함께 만드는 큰 바람을
경험하며 다양한 바람에 관심을 보이는 영아들

스카프가 날리는 높이에 따라
약한 바람, 강한 바람을 경험하는 영아들

풍선 안에도 보이지 않는
바람이 있음을 알고
다양한 바람의 크기를
경험하고 싶은 영아들과
함께 바깥놀이에서 바람을
느껴 보기로 하였다.

다양한 바람 느껴보기

영아들의 다양한 흥미를 반영하여
동물 풍선을 들고
또 다른 바람을 찾아 나섰다.
영아들에게 보이지 않는 바람을
어떻게 보여줄까?
교사의 고민이 시작되었다.

원 주변을 산책하며 나무가지, 나뭇잎,
그네가 흔들리는 모습으로 바람을 찾는 영아들

영아 : 나뭇잎이 되어 바람을 느껴볼래.

영아들이 모두 멈추어 나무가 되어
팔과 다리를 뻗으며 바람을 기다렸다.

교사 : 지금은 바람이 꼭꼭 숨었나 봐.
영아 : 그럼 우리도 숨바꼭질 하자.
영아 : 내가 술래! 꼭꼭 숨어라!!
영아 : 우와~ 우리가 뛰니 바람이 불어
더 빠르게 달려볼래.

놀이마무리

청정에너지 포스터 만들기

선풍기, 바람개비, 드라이기, 부채, 스카프를 이용하여 바람을 표현한 영아들은 바람의 소중함을 알고 큰 바람을 모아 왜 전기를 만드는지 궁금해했다.
아이들의 상상력의 연결고리는 전기에너지를 절약하는 방법으로 확장하여 새로운 놀이로 이어졌다.

" 많은 사람이 전기를 아껴 쓸 수 있도록 우리가 에너지의 소중함을 알리자!!"

영아들이 풍력발전소처럼 바람을 모으고 싶다는 창의적인 놀이의 발상으로 재활용 종이상자에 습자지를 길게 길게 붙이고 부채를 이용하여 상자 안으로 바람을 모으는 재미있는 놀이로 확장되었다.

"내가 좋아하는 핑크 바람으로 바람을 모을 거야~"
"난 엄청 큰 바람을 그려서 전기가 모이게 할 거야~"
놀이하며 환경감수성을 키워 나가는 영아들의 긍정 생각 에너지로 우리만의 에너지 절약 포스터가 완성되었다.

가정연계

영아들과 에너지를 절약하는 방법을 이야기 나누던 중
"엄마도 물을 아껴써야 한다고 했어요."
"아빠가 쓰레기 버려요."
"그럼 엄마, 아빠와도 에너지를 절약하는 방법을 하나씩 정해서 엄마, 아빠가 잘하면 칭찬 스티커를 붙여줄까?"
"네 좋아요~ 하고 싶어요~ 칭찬 스티커 많이 붙이고 싶어요."

이와 같이 아이들의 흥미를 반영한 가정연계가 이루어졌다.

지역사회연계

천안시 재활용 선별장

플라스틱은 소각 시 완전 연소가 어렵고 유독가스를 발생시키며, 소각 후에도 중금속의 잔재가 남기 때문에 단순 매립할 경우 2차 환경을 일으킬 수 있다. 따라서 폐플라스틱의 처리는 제대로 분리배출하여 재사용하는 것이 가장 효과적이다.

견학 운영시간

- 매주 월~금요일 09~16시(사업장 운영사정에 따라 변경 가능)

견학시 참고 현황

- 일일 업무처리 능력(2021년도 평균)
  - 일 평균 52ton 반입 / 30ton 처리
- 일일 업무일지
  - 매주 월 ~ 토요일 혼합 재활용 선별작업(혼합선별동)
  - 매주 월 ~ 토요일 투명 페트병 선별작업(투명페트병 선별동)
  - 매일 16시 ~ 17시 기계정비 및 청소 실시

견학시 유의사항

- 견학현장에서는 질서를 유지하며 이동하여 주시기 바랍니다. (기계장비가 작동되고 있어서 위험합니다.)
- 견학안내자의 지시에 따라 행동하여 주시기 바랍니다.
- 마스크 착용, 손소독 및 방문기록을 철저히 해주시기 바랍니다.

견학예약 연락처

- 041)521-5425(천안시청 청소행정과)
- 041)529-5060, 5061(천안도시공사 재활용선별장)

바닷속 친구들을 구해줘!

대상 연령	생활 주제	ESG 요소
2세	동식물	환경오염 및 환경규제

디지털 활용 요소

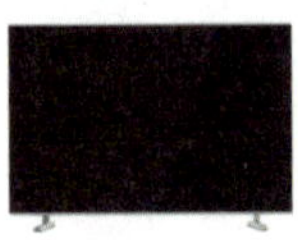
모니터

노트북과 연동하여 동화시청

노트북

동영상 동화재생 플레이

PPT동화제작

큐알코드

활동 자료

PPT 동화책

활동판

쓰레기통

분리배출상자

포스터

표준보육 과정

자연탐구 > 자연과 더불어 살기 > 주변의 동식물에 관심을 갖는다.
의사소통 > 책과 이야기 즐기기 > 책에 관심을 가지고 상상한다.

활동 목표

바다에 쓰레기가 생기는 이유와 버려지는 쓰레기에 대해 관심을 가진다.
바다생물들을 보호하기 위해 바다 쓰레기를 치워보는 경험을 한다.
바다생물들을 보호하기 위해 내가 할 수 있는 것들을 알아보고 실천해본다.

놀이의 시작

"선생님, 바다 생물이 아프대요."
"왜? 아픈데?"라고 선생님이 물어보자
"사람들이 바다에 쓰레기를 많이 버렸대요." 라고 영아가 말했다.

바다 환경에 관련된 동화책을 보고 온 영아가 교사에게 무심히 던진 말에 교사가 다양한 바다 환경과 오염에 대해 이야기 나누고
어떻게 하면 바다 생물을 보호할 수 있을까? 생각하며
놀이가 시작되었다.

놀이 흐름도

- 로타의 바다 구하기 대작전 동화 듣기
- 동화 듣고 느낀 점 말하기
- 바다 쓰레기 분리배출 해보기
- 쓰레기를 줍고 분리수거 해보기
- '용기내' 캠페인 참여하기

PPT 동화 들려주기

'로타의 바다 구하기 대작전'

바다가 오염되는 이유를 알아보기 위해 '로타의 바다 구하기 대작전' 동화를 제작하여 영아들에게 보여 주었다.
고래 로타는 평온한 바다에 점점 쓰레기가 많아지는 것을 알고 이 쓰레기가 어디서 왔는지 알아 보기로 한다.
사람들이 버린 쓰레기로 인해 위기에 처한 바다동물들을 구해주고 쓰레기를 치워 깨끗한 바다를 만드는 이야기이다.

놀이실행

깨끗한 바닷속 탐험

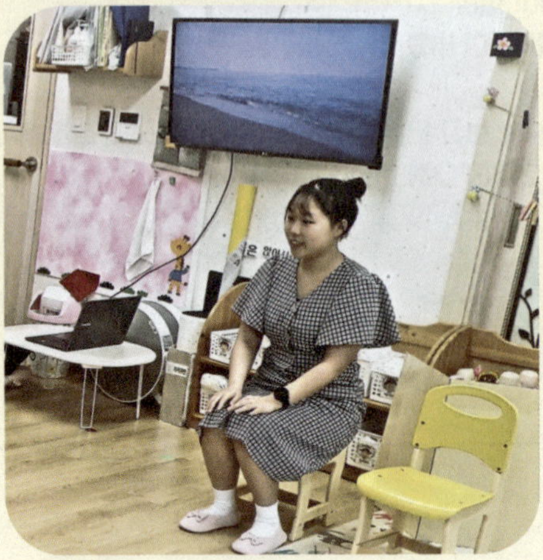

영아들과 바다 영상을 보며 바다에 관련된 경험들을 이야기 나누었다.

바다가
왜 오염됐을까?

'로타의 바다 구하기 대작전' 동화에서 바다가 왜 오염이 되었는지 이야기 나누었다.
사람들이 마구마구 버린 쓰레기(플라스틱, 비닐봉지, 그물, 헌 옷, 깡통, 오염 수 등)가 바다로 밀려와 바다생물들이 위험에 빠진 걸 알게 되었다.

바다에서 건진 쓰레기를
쓰레기통에 넣어줄래?

활동판을 제작하여 영아들이 직접 바닷속 쓰레기를 떼어내어 쓰레기통에 넣으며 놀이하였다.

미세플라스틱의 경고!

미세플라스틱은 인간과 지구의 건강을 위협하고 있으며 매년 바다로 유입되는 플라스틱 폐기물은 약 1,200만 톤에 달한다.
연구결과에 따르면 한 사람이 일주일간 섭취하는 미세플라스틱은 약 2,000개로,
이는 신용카드 한 장 무게인 5g에 달한다고 한다.

쓰레기를 주워 분리배출 해보아요

영아들과 바깥놀이를 나가서 어린이집 주변의 쓰레기를 함께 주워 보기로 하였다.

"이건 플라스틱이잖아."
"비닐은 떼는 거야."
"쓰레기가 너무 많아."
"바닷속 친구들이 아프겠다."
직접 쓰레기를 주우며 영아들이 환경에 대해 관심을 보였다.

가정에서 가져온 계란판을
직접 분리배출 하는 영아

영아들과 다양하고 지속가능한 방법으로 쓰레기를 분리배출 하였다.
"로타야, 우리가 너희를 지켜줄게."
"우리가 쓰레기를 잘 버릴 거야."
"우리 때문에 깨끗한 바다로 변할 거야."
"깨끗한 바다에서 놀고 싶어."

영아들이 새로운 놀이에 흥미를 보이기 시작했다.

등원하며 어린이집에 입구에 비치된 상자 안에 분리배출 하고,
교사에게 활짝 웃으며 직접 했다는 성취감을 보이며,
기쁜 마음을 표현하였다.

놀이마무리

깨끗한 바닷속 탐험

깨끗해진 바다에서 영아들이 물고기로 변신하여 바다놀이를 진행하였다.
교사 : 우리가 지킨 바다가 이렇게 깨끗해졌어요.
영아 : 선생님, 쓰레기는 어디 있어요?
교사 : 친구들이 쓰레기를 줍고, 분리배출을 열심히 해줘서 바다가 깨끗해졌대요~ 고마워요, 친구들!
영아들은 밝게 웃으며 물고기가 되어 깨끗한 바다에서 헤엄치며 놀이하였다.

영아 : 선생님, 배 타고 싶어요.

바다놀이에서 배를 생각해 낸 영아들은 배를 탄 경험을 이야기 하며 배 만들기 놀이로 확장되었다.

영아들의 다양한 경험들은 모두 놀이가 되었다.

환경상식

해양 폐기물의 심각성

태평양 중앙에 폐기물로 이루어진 제7의 대륙으로 불리는 섬이 있다. 청년 보얀 슬렛은 바다 폐기물을 처리하는 방법으로 V자형 울타리에 밀려와 붙은 쓰레기를 수거했다. 이렇게 '오션클린업' 사업을 통해 해양오염을 막으려고 노력하는 기업들이 있다.

가정연계

용기내 캠페인에 참여해 보아요

용기내 캠페인이란 음식포장에 무분별하게 사용하는 일회용품을 줄이고자 가정에서 다회용 용기를 들고 가서 일회용품 대신 포장을 이끄는 캠페인이다.
가정으로 포스터를 보내어 가정연계가 이루어질 수 있도록 하였으며 부모님과 함께 용기를 들고 가 주문하는 게 재미있었다며 영아들이 즐거워하였다.

지역사회연계

'플리마켓'을 통한 자원순환

어린이집과 아파트 주민들이 함께 '아나바다' 활동에 참여하여 사용하지 않는 물품들을 교환하였고 영아들은 장남감에 관심을 보이며 즐겁게 활동을 마무리하였다.

'아나바다' 란?
'아껴 쓰고, 나누어 쓰고, 바꾸어 쓰고, 다시 쓰고'로 사용하지 않는 중고 물품들을 서로 바꾸고 나누어 사용하는 방법으로 쓰레기를 줄이고 자원을 절약하고 순환하여 환경오염을 막는 활동이다.

환경을 지키는 자동차

대상 연령	생활 주제	ESG 요소
2세	교통기관	기후변화 및 탄소중립

디지털 활용 요소

모니터

노트북과 연동하여 동화시청

노트북

동영상 동화재생 플레이

PPT동화제작

해님자동차

큐알코드

활동 자료

PPT동화책

재활용품으로 만든 자동차

전기충전 자동차

자동차 전기충전소

꾸미기 재료

표준보육 과정

자연탐구 > 탐구과정 즐기기 > 주변 세계와 환경에 대해 호기심을 가진다.

예술경험 > 창의적으로 표현하기 > 미술재료와 도구로 표현해본다.

활동 목표

자동차와 환경의 관계를 알아보고 친환경 에너지의 종류에 대해 알아본다.
재활용품 및 다양한 미술 재료를 사용하여 미술 활동을 즐긴다.
환경을 소중히 여기는 태도를 가진다.

놀이시작

영아들과 어린이집을 산책하던 중 지나가는 자동차에서 뿜어져 나오는 검정 매연을 보고 "선생님 자동차가 방귀를 뀌어요."라고 한 영아가 말하자 다른 영아가 입과 코를 손으로 막으며 콜록콜록 기침을 하였다.

자동차의 매연이 환경을 오염시킨다는 걱정과 환경을 지키는 자동차에 대한 궁금증을 가지고 놀이를 시작하게 되었다.

해님자동차 동화를 들어요

'해님자동차'

해님자동차

자동차 붕이가 친구 씽이를 만나러 가는데
많은 자동차들이 시커먼 방귀를 뀌며 달리는 것을 보고 숨을 쉴 수가 없었다.
무엇이든 해결해 주는 박사님을 찾아가 시커먼 방귀를 뀌지 않는 해님 에너지를 마시고
씽씽 달려보고 하늘도 날아보며 씽이를 만나게 되는 공기오염에 관한 동화이다.

놀이 흐름도

1. 자동차 매연의 궁금증
2. 해님자동차 동화를 보여주기
3. 자동차로 다양하게 놀이하기
4. 재활용품을 이용한 자동차 만들기
5. 전기차 충전을 경험하기

놀이실행

재활용품을 이용한 자동차 만들기

자동차 동화를 들은 영아들의 흥미를 반영해 나만의 자동차를 만들기로 하고
재활용품으로 자동차 만들기를 하였다.
재활용 박스, 생수병, 플라스틱 병뚜껑 등으로 친환경 자동차를 만들면서
매연 없는 자동차를 만들어 지구가 아프지 않게 하겠다며 자동차를 꾸미는 일에 집중하였다.

박스를 이용해 자동차
꾸며주기를 하였다.

나만의 친환경 자동차를 만들어
지동차를 직접 운전하며
가장 높은 흥미도를 보였다.

우리의 자동차 놀이는 계속됩니다

물감 찍기 놀이를 하며 자동차 바퀴를 탐색하는 영아들

뚝딱뚝딱 난 자동차 정비사

자동차를 깨끗이 씻어주며
놀이하는 영아들

영아 : 자동차에 검은 연기가 묻어 더러워졌어요.
교사 : 어떻게 해주면 좋을까?
영아 : 깨끗이 씻어주고 싶어요.

영아들과 함께 자동차를 깨끗히 씻어주며 놀이하였다.
영아 : 난 아빠랑 세차장에 간 적이 있어.
영아 : 나도 세차장에서 차를 깨끗히 해주고 싶어.

아이들의 새로운 발견으로 세차장 놀이로 이어졌다.

노끈을 이용하여 만든 놀잇감으로
자동차를 청소하는 영아

놀이마무리

친환경 자동차의 종류

전기에너지

선생님, 자동차가
전기에너지를 많이 먹어서
쌩쌩 달려요~
야호! 신난다!!

누가누가 더 빠를까

전지에너지

우와! 내 자동차가
더 빨리 달린다

태양에너지

태양 에너지야 힘을 줘!

"얘들아, 조금만 기다려."
"자동차 등이 따뜻해지고 있어."
"햇님이 자동차 등을 따뜻하게 만들면
자동차가 쌩쌩 달릴 수 있어!"
"그럼 지금 자동차가 햇님 에너지 밥을 먹고
있는 거야?"
"자동차야 힘내라 힘!"

지금은
태양에너지
충전 중!

가정연계

지구를 지키기 위한 약속!!

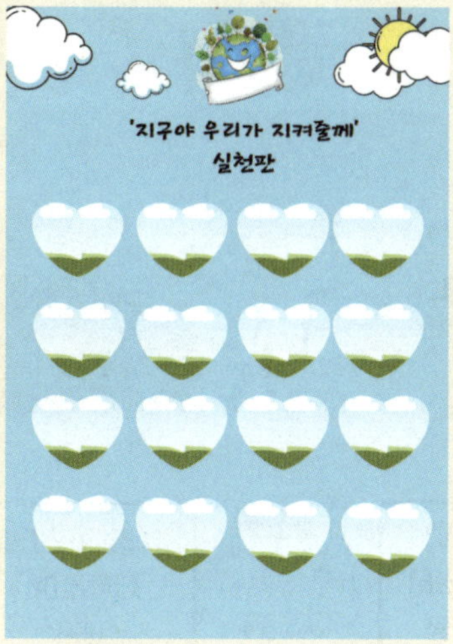

가정에서 부모님과 함께
지구 환경을 지키기 위해
할 수 있는 것들을 포스터로
제작하여 안내하였다.

영아들과 함께 실천하면서
가정에서도 적극적으로
참여할 수 있도록 하였으며
추후 시상을 통해
즐거운 참여가 될 수 있게 했다.

지역사회연계

지금은 자동차 전기 충전 중

에코롱롱 소개

무분별한 화석연료 사용과 무분별한 환경파괴로
지구 온난화가 진행되어 기후변화로 인해
지구 곳곳이 몸살을 앓고 있다.
새로운 에너지인 신재생 에너지의 활용이
기후변화 위기대응의 최선의 방법으로 주목받고 있다.

이에 친환경 에너지 창작소 에코롱롱은 친환경 에너지와
새로운 재생에너지에 대한 상상을 넓힐 수 있는 전시체험 공간이며,
창의적 적용을 통해 지속가능한 에너지 사회를 위해 건립되었다.

자역사회 연계로 아파트 단지나 주변에 있는
전기차 충전소를 찾아가 전기차가 충전되는
과정을 경험해보았다.
여러 가지 친환경 에너지를 생산하는
발전 장소들을 견학하기로 했다.

물을 깨끗하게 만들어요

디지털 활용 요소

대상 연령	생활 주제	ESG 요소
2세	환경	환경오염 및 환경규제

동화를 듣고 디지털 포스터 제작에 사용

노트북

디지털 포스터를 제작하여 제공

디지털 포스터

실험 과정 순서퍼즐 제공

실험순서 코딩퍼즐

활동 자료

동화

물 정화 키트

촉감주머니

물

표준보육 과정

자연탐구 > 탐구과정 즐기기 > 주변 세계와 자연에 대해 호기심을 가진다.

사회관계 > 더불어 생활하기 > 반에서의 규칙과 약속을 알고 지킨다.

활동 목표

수질오염에 관심을 가진다.

실험을 할 때 필요한 약속을 알고 지킨다.

놀이시작

비가 오고 난 후 산책을 나갔다가 물 웅덩이를 발견했다.
"여기 물 있다." 하며 물 웅덩이를 밟으려고 한다.
다른 친구가 물 웅덩이에 고인 물을 보고
"으웩 더러워." 라고 이야기를 한다.
"얘들아 더러운 물을 보면 어때요?"
물어보니 "싫어." 라고 이야기를 한다.
"우리 물 가져가볼까?"
영아들과 물 웅덩이에 있는 물을 컵에 담아서 교실에 가져온다.

"물에서 똥 냄새 나" 동화책을 읽어주었어요!

물에 가서 놀이를 하는데
"우웩 똥 냄새." 똥 냄새가
왜 나는지 찾아보러 다니다가
물에 있는 쓰레기와 폐수가
나오는 모습을 보게 되는 이야기

"물에서 똥 냄새 나"

놀이 흐름도

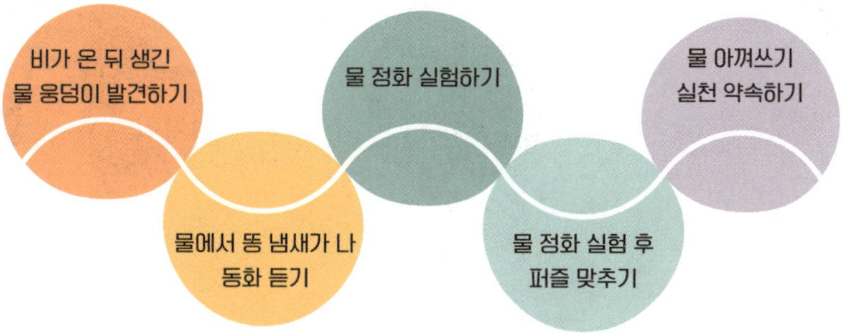

물이 정화되는 과정

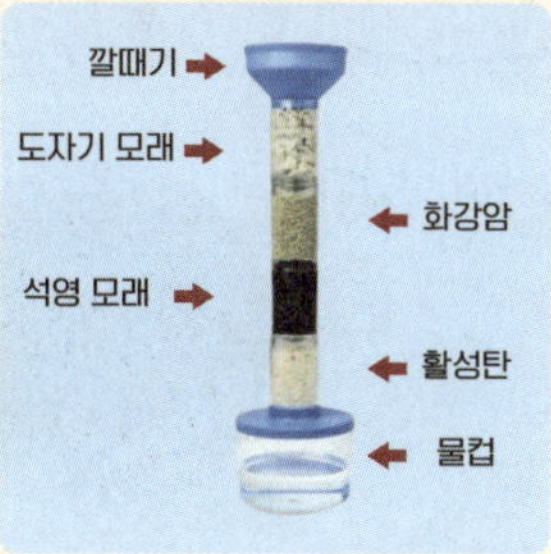

화강암/ 도자기 모래 : 침전작용
활성탄 : 흡착작용
석영 모래 : 여과작용

※ 정화란?
불순하거나 더러운 것을 깨끗하게 함.

놀이실행

물 정화 실험 장치 탐색하기

<물 정화 키트에 들어가는 재료 촉감주머니>

동화를 듣고 영아들이 물 웅덩이에서 퍼온 물을 보면서
"아~ 냄새 나." 하며 더러운 물을 탐색했다.
"얘들아 여기 있는 이 도구를 이용해
더러운 물을 깨끗하게 만들 수 있대. 여기 뭐가 들어가는지 알아볼까?"
정화 장치에 들어가는 재료를 촉감주머니로 만들어 제공해 주었다.
"이게 뭐지?" 하며 촉감주머니 안에 있는 재료를 손으로 만져보고 눌러보며 탐색해 보았다.

물 정화 실험하기

물 정화 실험을
하기 전에 지켜야 할
규칙이 있어요!!

지켜야 할 규칙
- 컵에 담긴 물 마시지 않기
- 정수기 움직이지 않기
- 순서 잘 지키며 실험하기

영아들과 규칙을 이야기하고 더러운 물을 정화 키트 깔때기에 부어보고 정화되어 떨어지는 물을 탐색해 본 후 더러운 물과 정화된 물을 비교하며 이야기를 나눠보았다.

어떻게 될까?
궁금한데....

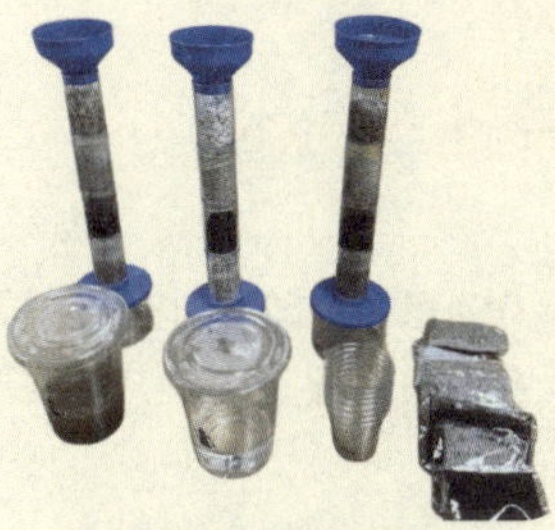

깨끗하게
만들어줘서
고마워!!

✓ 정제된 물은 음용수가 아닙니다. 절대 마시지 마세요.

놀이마무리

물 정화 순서 퍼즐 맞추기 & 물 절약송 듣고 부르기

물 정화 퍼즐 코딩

더러운 물과 정화된 물을 비교하고 우리가 물을 아끼고 깨끗하게 사용하기 위해서 할 수 있는 일에 대해 알아보았다. 동화를 듣고 영아들이 쉽게 이해할 수 있도록 물 절약송을 여러 번 들려주고 영아들과 이야기를 나눠보았다. 영아들이 물 절약송을 듣고 흥얼거리는 모습을 볼 수 있었다. "우리 퍼즐을 맞춰볼까?" 영아들과 물을 꼭 아껴쓰고 깨끗하게 사용해야 한다는 것을 이야기하며 퍼즐을 맞춰보았다.

물 절약송
https://youtu.be/TgeOqUDj020?si=cAuFziA8k2TkTObr

물 정화 키트 실험 순서

1

여과용 튜브에 화강암, 도자기 모래, 활성탄, 석영 모래를 담는다. 도자기 모래, 활성탄, 석영 모래 아래에는 먼저 거름종이를 깐 다음 담는다.

2

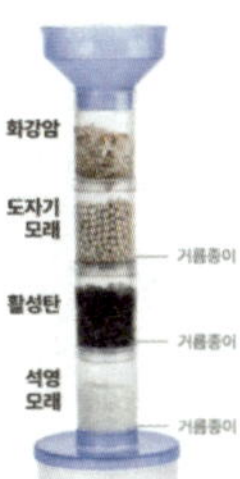

아래에서 위로 석영 모래>활성탄>도자기 모래>화강암 순으로 끼우고 맨 아래에 플라스틱 커버와 플라스틱컵, 맨 위에 깔때기를 끼워 정수기를 완성한다.

3

오염된 물을 정화키트에 조금씩 붓는다.

오염 정도에 따라 정수된 물의 투명도가 다를 수 있습니다.

가정연계

물 절약하기 캠페인

물 절약 포스터를 가정에 전달한 후 실천해 보도록 하였고 물 절약 캠페인을 영아들이 실천하는 모습을 사진으로 찍어 키즈노트에 업로드하여 보내달라고 요청하였다. 물을 절약하는 영아의 사진을 사용하여 포스터를 새롭게 만들어 가정에 발송하였다.

우리나라는 연간 강수량이 세계 평균보다 많지만
좁은 국토와 높은 인구밀도로 인해
물 부족 국가로 분류되고 있어요.
정부는 물 부족 문제 해결을 위해
다양한 정책을 추진하고
많은 노력을 기울이고 있지만
최근 기후변화로 인해 개인의 노력이
더욱 필요합니다.

지역사회연계

천안 맑은물 사업소

주소 : 충청남도 천안시 동남구 용곡2길 141
(용곡동 315-1)

★ 맑은 물 사업소 주요 업무
천안시 맑은 물 사업소는 천안 시민들에게 깨끗하고 안전한 수돗물 공급을 위해 다양한 업무와 사업을 수행하고 있습니다. 시민들의 건강과 삶의 질 향상을 위해 노력합니다.

★ 맑음 물 사업소 주요 사업
- 음악분수대 운영 : 천안시 중앙공원 내 설치된 음악분수대를 계절별로 운영하여 볼거리 제공
- 수돗물 홍보 및 교육 : 수돗물 안정성과 절약의 중요성을 알리는 홍보 및 교육 활동
- 수질 개선 사업 : 상수원 보호 관리, 노후배관 교체 등을 통해 수돗물 수질을 지속적으로 개선

내가 지구를 사랑하는 방법

대상 연령	생활 주제	ESG 요소
2세	자연환경	자원 및 폐기물관리

디지털 활용 요소

PPT

'내가 지구를 사랑하는 방법' PPT 동화자료

UCC

user created contents

직접 제작한 콘텐츠

활동 자료

동화책

PPT 동화

손인형

지구사진

UCC 예시자료

표준보육 과정

자연탐구 > 탐구과정 즐기기 > 주변 세계와 자연에 대해 호기심을 가진다.

의사소통 > 듣기와 말하기 > 표정, 몸짓, 말에 관심을 갖고 듣는다.

활동 목표

지구를 사랑하는 마음을 가지고 즐거운 마음으로 동화를 감상한다.

지구를 지키는 방법을 소개하는 영상에 직접 참여한다.

놀이시작

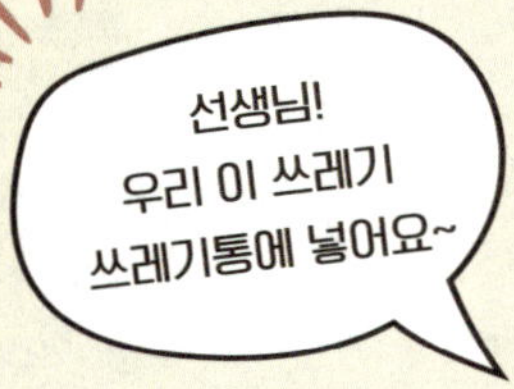

바깥놀이를 나갔던 영아들이 길거리에 버려진 쓰레기를 보고는 교사에게 말했다.
"선생님! 우리 이 쓰레기 쓰레기통에 넣어요~" 교사는 영아들과 눈에 보이는 쓰레기 몇 개 주워 들고 교실로 돌아와 함께 쓰레기통에 주워온 쓰레기를 넣었다.
원내에서 쓰레기 분리배출 하여 버리기를 함께 한 후로
영아들은 바깥놀이와 등하원길에 보이는 쓰레기에 관심을 보이고
교사에게 이야기를 자주 하였다.

교사는 쓰레기에 관심을 갖는 아이들을 위해 우리가 지구를 사랑할 수 있는 방법에 대해 놀이로 계획하여 활동을 해보기로 하였다.

영아들에게 동화책 '지구를 사랑하는 방법' 을 읽어주었고, 영아들이 책 속의 내용과 같은 활동을 해본 적이 있는지 질문하여 사전 경험을 알아보았다.

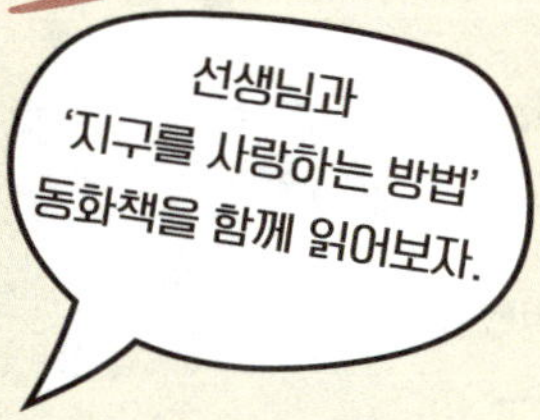

놀이 흐름도

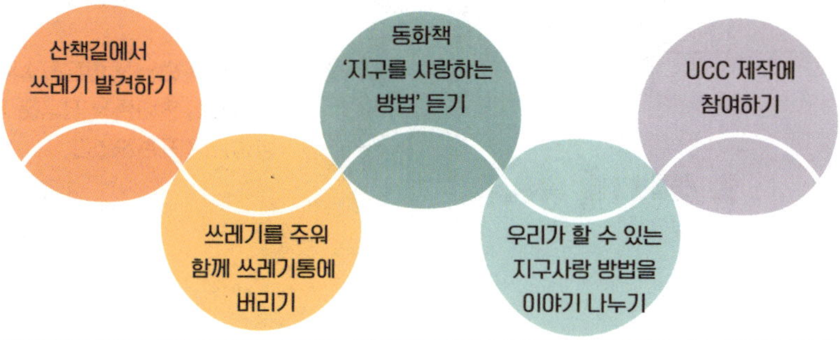

놀이실행

손인형으로 영아들에게 '지구를 사랑하는 방법' 동화책을 들려주었다. 손인형을 제작하여 읽어주니 더욱 집중해서 재미있게 들었다.

1. 안쓰는 전깃불은 꺼요.

동화책을 듣고 동화책 내용 중에 영아들이 경험한 이야기를 나누었다. 영아들의 경험을 토대로 우리가 실천할 수 있는 지구를 사랑하는 방법에 대해 이야기했다.

2. 가까운 거리는 걸어다녀요.

3. 쓰레기를 주워요.

동화책에 나오는 지구를 사랑하는 방법과 실천방법도 함께 이야기 나누었다.

실천할수 있는 방법들을 놀이로 표현하며 영아들이 흥미롭게 지구를 사랑하는 방법들을 표현하였다.

4. 분리수거를 해요.

지구를 사랑하는 방법에 대해
동작으로 반복적으로 표현하니
영아들이 교사가 동작하지 않아도
몸에 익혀 동작을 스스로 할 수 있었다.

5. 동물 친구들을 아껴줘요.

지구를 사랑하는 방법에 대한 동작들을
모아 UCC로 제작하여 보여주었다.
디지털 매체에 나오는 자신의 모습을 보며
신기해하였다.
친구들의 모습을 보고는
친구의 이름을 말하며 웃기도 하였다.

6. 종이를 아껴써요.

제작된 UCC를 보며 다시 한번
지구를 사랑하는 방법에 대해
이야기를 나누었다.
영아들과 가정에세도 약속들을 함께 하자고
이야기 나누고 가정에 UCC를 보내
함께 볼 수 있도록 하였다.

제작된 UCC와 '지구를 사랑하는 방법' 동화책을
큐알코드로 제작하여 영아들이 놀이 중에
디지털 기기를 활용하여 보고 들을 수 있게
지원해 주었다.

영아들은 디지털 기기를 이용해
큐알코드를 찍어 자신들의 UCC를 활용하며
동작을 따라하였고
동화책을 듣는 모습을 보여주었다.

놀이 마무리

어린이집 주변 쓰레기 줍기

가정으로 안내하여 함께 동화책을 듣고
UCC를 시청할 수 있게 지원하였다.
교실에 큐알코드를 제작해서
영아들이 이용할 수 있게 지원하였다.

지구를사랑하는방법

지구를사랑하는법UCC

가정연계

ESG 챌린지

가정에 환경달력을 만들어 제공하고
한 달에 한 번 참여하는 ESG 챌린지를 통해
지속가능한 가정연계활동을 계획하였다.

가정에서도 영아들이 지속적이고 반복적으로
지구를 사랑하는 방법을 실천할 것을 기대해 본다.

지역사회연계

지역 내 플로깅 안내하고 참여하기

지역 내에서 열리는 다양한 환경캠페인을
가정으로 안내하고 원에서 적극적으로
참여하여 가정의 참여를 독려한다.

- 줍깅? 줍다 + 조깅의 합성어
- 플로깅? plocka up + jogging
  이삭을 줍다 + 조깅하다
- 플로깅? plocka up + walking
  이삭을 줍다 + 걷다

사라지는 동물들이 있어요

디지털 활용 요소

대상 연령	생활 주제	ESG 요소
2세	동물	책임있는 구매 및 조달

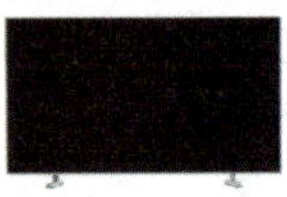

모니터

영상 시청을 위한 모니터

빔프로젝터

영상을 재생하기 위한 디지털 매체

노트북

코딩을 위한 디지털 매체

활동 자료

큐알코드

환경보호 활동지

손 인형

동물퍼즐

동화책

표준보육 과정

자연탐구 > 자연과 더불어 살기 > 주변의 동식물에 관심을 가진다.
자연탐구> 생활속에서 탐구하기 > 규칙성에 관심을 가진다.
의사소통> 듣기와 말하기 > 표정, 몸짓, 단어로 의사를 표현한다.

활동 목표

동물에 대해서 관심을 가진다.
환경보호 게임을 통해 쓰레기를 줍는 경험을 해본다.
동물을 언어로 표현해본다.

놀이시작

주말을 보내고 온 영아가 동물원에 다녀온 이야기를 하였다.
동물원에서 본 호랑이를 흉내내며 놀이를 시작하자 다른 영아들도 관심을 보여 호랑이 손인형을 제공해 주었다.

한 영아가 '멸종하는 동물의 세계' 그림책을 가져와서 동물원에서 보지 못한 동물의 이름을 물어 보았다.
사라지는 동물들에 관심을 보이면서 멸종위기 동물을 보호하는 방법에 대해 이야기 나누며 놀이가 시작되었다.

멸종위기의 동물들

자이언트 판다

자바 코뿔소

수마트라 호랑이

북극곰

고래상어

바다거북

멸종위기 동물들은 지구 생태계의 균형을 유지하는 데 중요한 역할을 한다.
최근 이 동물들은 서식지 파괴, 밀렵, 기후변화 등의 이유로 개체 수가 급격하게 감소하여 이를 걱정하는 여러 국제 기구와 환경 단체들이 보호 프로그램을 운영하고 법적 보호와 서식지 복원 등의 노력을 기울이고 있다.

놀이 흐름도

동물에 관심 갖기 → 동물 관련 놀이하기 → 사라지는 동물 알아보기 → 동물을 보호하는 방법 알아보기 → 동물 사랑 캠페인 하기

놀이실행

동물들과 놀아요

영아들과 다양한 동물의 모습과 특징에 대해 알아보고
동물을 직접 만나는 체험을 하였다.
영아들은 책에서 보던 다양한 동물들을 직접 관찰하고
교감하며 동물들을 사랑하며 보호해야 한다고
이야기 나누었다.

영아들이 동물들과 헤어지는 것을 아쉬워하여
체험 후 직접 만났던 동물들에 대한 관심으로
책과 다양한 방법을 통해 동물들에 대해
더 알아보는 시간을 가졌다.

사라지는 동물들이 있어요

1편 스토리텔링

"멸종하는 동물들의 세계"의 책을 본 친구들이 사라지는 동물에 관심을 보이기 시작하여
사라지는 동물인 수마트라 호랑이와 반달가슴곰이 나오는 코딩 게임을 만들어 주었다.

동물들을 보호하는 법을 알아요

빔프로젝터를 이용해 바닥에 PPT영상을 틀어놓고 코딩게임을 설명하였다.
쓰레기 줍는 활동의 코딩은 색을 순서대로 따라 이동하면서 쓰레기를 주워 쓰레기통에 넣는 게임이다.
쓰레기가 있는 곳으로 화살표를 따라다니며 영아들이 이동하면 쓰레기가 사라진다.

쓰레기줍기 코딩영상

쓰레기를 줍는
코딩 영상

화살표를 따라 영아들이 신체를 움직이며
쓰레기가 사라지는 게임을 통해 코딩에 흥미를 보였다.
기다려 주는 친구들도 응원을 하면서
멸종위기 동물을 살리고 싶어 했다.

영아들이 게임을 한 후 직접 쓰레기를 주워
멸종위기의 동물을 지켜주고 싶다고 하여
함께 쓰레기를 주우러 나갔다.

재활용품을 이용해
분리수거함을 만들었어요.

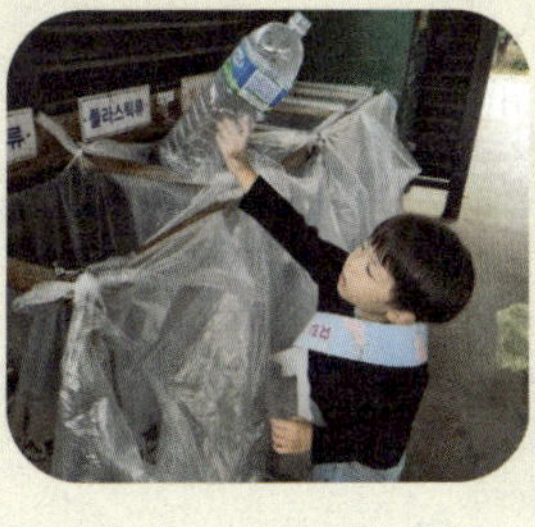

놀이마무리

바다거북이를 살려주세요!!

우리나라에서 볼 수 있는 바다거북이는
푸른바다 거북이라는 예쁜 이름을 가지고 있으며
남해안이나 제주도에서 볼수 있다.

사람들의 욕심으로 거북이가 포획되고
바다의 오염으로 산란지가 줄어들면서 멸종위기에
이르게 되었다.

영아들과 함께 재활용품으로 바다거북이를 만들며
멸종위기 동물을 보호하기 위한 방법들을 이야기 나누었다.

버리는 재활용품으로 팻말을 만들어 "동물을 사랑해주세요"
라고 외치며 캠페인 연습을 하고 있다.

가정연계

사라지는 동물을 위한 채식하는 날 캠페인

5월 22일 생명 다양성의 날을 맞이하여
5월 한 달, 하루 채식하는 날 캠페인을 진행하였다.
채식이 환경에 미치는 영향에 대해 안내하고
사라지는 동물이 있다는 것에 대해
영아들과 이야기 나누는 놀이에서 확장하여
가정과 연계하여 사라지는 동물들을 위해
의미있는 하루를 보낼 수 있도록 캠페인을
하자고 독려하였다.
가정에서도 영아들의 동물에 대한 관심을
지원해주는 캠페인에 적극 참여하였다.
가정에서 실천한 채식 식단을 인증하고
참여한 가정에 친환경물품(대나무칫솔)을
선물로 보냈다.

지역사회연계

서천 국립생태원

- 교육 및 전시의 장
  열대, 사막, 지중해, 온대, 극지 등
  다양한 기후대별 생태계와 한반도의 숲과 습지를
  전시 및 교육할 수 있는 시설을 모두 갖춤.

- 이용 안내
  홈페이지를 통해 인터넷으로 사전 접수

- 오시는 길
  주소 : 충남 서천군 마서면 금강로 1210 국립생태원
  전화 : 041-950-5300

국립생태원은 한반도 생태계를 비롯하여 열대, 사막, 지중해, 온대, 극지 등 세계 5대 기후와 그곳에서 서식하는 동식물을 한눈에 관찰하고 체험해 볼 수 있는 고품격 생태연구·전시·교육의 공간이다. 사라지는 동물들을 생각하며 관람해 보자.

PART 3

부록 - ESG 운영을 위한 환경지식

1. 환경감수성을 기르는 ESG 영아 놀이 수업의 활용 자료

1) 환경감수성을 기르는 그림책

다시, 초록 섬 글/그림: 다니엘 몬테로 갤런 발행: 한울림어린이	나무늘보가 사는 숲에서 글: 아누크 부아로베르 그림: 루이 리고 발행: 보림	비 너머 글/그림: 페르난도 빌레라 발행: 스푼북

할머니의 용궁 여행 글/그림: 권민조 발행: 천개의 바람	저기요, 이제 그만해요! 글: 다비드 칼리 발행: 나무말미	플라스틱 섬 글/그림: 이명애 발행: 상출판사

마지막 섬 글/그림: 이지현 발행: 창비	지구를 망치는 기후악당을 잡아라 글/그림: 모니크 페르윌런 외 발행: 토토북	상자 세상 글: 윤여림, 그림: 이명하 발행: 천개의 바람

<table>
<tr>
<td></td>
<td></td>
<td></td>
</tr>
<tr>
<td>고래를 삼킨 바다 쓰레기
글: 유다정, 그림: 이광익
발행: 와이즈만BOOKS</td>
<td>얼음펭귄
글/그림: 윤나라
발행: 현북스</td>
<td>북극곰 살아남다
글: 캔디스 플레밍
그림: 에릭 로만
발행: 보물창고</td>
</tr>
<tr>
<td></td>
<td></td>
<td></td>
</tr>
<tr>
<td>고마워, 플라스틱맨
글/그림: 기요타 게이코
발행: 특서주니어</td>
<td>고래들의 산책
글: 닉 블랜드
발행: 웅진주니어</td>
<td>워터 프로텍터
글:캐롤 린드스트롬
그림: 미카엘라고드
발행: 오늘책</td>
</tr>
<tr>
<td></td>
<td></td>
<td></td>
</tr>
<tr>
<td>바다의 생물, 플라스틱
글: 아나 페구·이자베우 밍뇨스 마르칭스
그림: 베르나르두 카르발류
발행: 살림어린이</td>
<td>나무는 좋다
글 : 재니스 메이 우드리
그림: 마르크 시몽
발행: 시공주니어</td>
<td>요셉의 작고 낡은 오버코트가..?
글/그림: 심스 태백
발행: 베틀 북</td>
</tr>
</table>

2) 환경 달력

1 JANUARY

2 FEBRUARY

- 세계 습지의 날 2월 2일
- 세계 고래의 날 2월 18일
- 국제북극곰의 날 2월 27일

3 MARCH

- 세계 야생동식물의 날 3월 3일
- 흙의 날 (대한민국) 3월 11일
- 세계 물의 날 3월 22일
- 세계 제로웨이스트의 날 3월 30일

4 APRIL

- 종이 안 쓰는 날 4월 4일
- 식목일 4월 5일
- 지구의 날 4월 22일

5 MAY

- 바다식목일 5월 10일
- 세계 꿀벌의 날 5월 20일
- 세계 생물종 다양성 보존의 날 5월 22일

6 JUNE

- 세계 산호초 인식의 날 6월 1일
- 환경의 날 6월 5일
- 세계 해양의 날 6월 8일
- 세계 리필의 날 6월 16일
- 세계 사막화 방지의 날 6월 17일

7 JULY

- 세계 비닐 없는 날 7월 3일
- 세계 범고래의 날 7월 14일

8 AUGUST

- 세계 사자의 날 8월 10일
- 에너지의 날 8월 22일

9 SEPTEMBER

- 자원 순환의 날 9월 6일
- 국제 오존층 보호의 날 9월 16일

10 OCTOBER

- 채식인의 날 10월 1일
- 세계 동물의 날 10월 4일
- 세계 철새의 날 10월 둘째주 토요일

11 NOVEMBER

- 아무것도 사지 않는 날 11월 26일

12 DECEMBER

- 야생동물 보호의 날 12월 4일
- 세계 토양의 날 12월 5일
- 세계 산의 날 12월 11일

3) 환경 기념일의 의미

3월 22일

세계 물의 날

이 날은 물의 소중함을 알리고 물 부족 및 수질 오염 문제에 대한 국제사회의 관심을 높이기 위해 마련되었어요. 우리나라는 여름철 집중 강수로 인해 봄, 가을, 겨울에는 가뭄이 발생하는 물 부족 국가로 물 인프라 구축, 물 재이용 확대, 물 절약 등 노력이 필요합니다.

4월 22일

지구의 날

지구의 날은 매년 4월 22일에 환경 보호를 촉진하고, 지구 환경을 보호하기 위한 행동을 장려하는 글로벌 이벤트예요. 수억 명의 사람들이 참여하며, 환경 보호를 강조하는 교육, 청소, 나무 심기, 재활용 캠페인 등이 진행되고, 이를 통해 지속가능한 미래를 위한 환경 보호 의식과 실천이 증진됩니다.

5월 22일

세계 생물종 다양성 보존의 날

생물종 다양성 보존의 날은 매년 5월 22일에 기념되며 유엔 생물다양성협약에 의해 시작되었어요. 이는 생물 다양성의 중요성을 알리고 보호를 촉진하기 위한 것이며, 정부, 단체, 개인이 참여하여 생태계의 건강과 균형을 지키려 노력하고 있습니다.

6월 5일

환경의 날

세계적으로 매년 6월 5일 환경의 날을 기념하여 환경 보호와 지속 가능한 발전을 촉구하고, 다양한 활동을 통해 환경 문제를 강조해요. 각국에서는 이 날을 나무 심기, 쓰레기 줍기, 환경 교육 등으로 기념하며, 환경을 보호하고 미래를 위해 노력하는 중요성을 강조하고 있답니다.

7월 3일

세계 비닐봉지 없는 날

7월 3일은 세계 비닐봉지 없는 날로, 일회용 비닐봉지의 사용을 줄이고 환경 보호를 촉진하기 위한 국제 운동이에요. 비닐봉지는 환경 파괴를 초래하며 분해되는 데 수백 년이 소요됩니다. 이 문제에 대처하기 위해 재사용 가능한 가방 사용을 촉구하고 환경 보호 캠페인을 실시하고 있습니다. 이 날을 통해 환경 보호의 중요성을 강조하고 지속 가능한 삶을 실천할 수 있는 계기를 마련하고 있습니다.

8월 22일

에너지의 날

매년 8월 22일에 열리는 "에너지의 날"은 에너지 효율성 및 친환경적인 에너지 활용을 촉진하기 위한 다양한 행사를 진행해요. 이벤트에는 전등을 끄는 캠페인이나 태양광 패널 설치와 같은 활동이 포함되어 있어 에너지 절약 방법을 홍보하고 지구 환경을 보호하는 데 일조합니다. 지속가능한 미래를 위해, 지구를 위해 함께 노력하여야 함을 강조한답니다.

9월 6일

자원 순환의 날

자원 순환의 날은 자원 관리와 환경 보호를 촉진하기 위한 날로, 자원의 효율적인 사용과 재활용을 강조하죠. 이를 위해 다양한 활동이 개최되어 시민들에게 자원 순환의 중요성을 알리고 실천 방법을 공유합니다. 많은 사람들이 참여하여 지속가능한 지구를 만들 수 있도록 노력해야 합니다.

10월 1일

채식인의 날

10월 1일은 세계 채식주의자의 날로, 채식주의와 비건 생활 방식의 이점을 강조하고 홍보하는 날이에요. 이 날은 채식이 환경 보호, 동물 권리, 그리고 건강에 미치는 긍정적인 영향을 강조하며, 많은 사람들이 이를 기념하기 위해 다양한 채식 요리를 맛보거나 채식주의 행사에 참여하는 등 채식 생활을 경험해 보기도 한답니다.

11월 26일

아무것도 사지 않는 날

"아무것도 사지 않는 날"은 과도한 소비와 생산으로 인한 환경문제를 해결하기 위하여 만든 기념일로 이를 통해 탄소 배출 감소에 도움을 줄 수 있다고 해요. 현대인의 생활습관과 소비 변화가 지구환경 보호에 기여할 수 있다는 것을 보여주는 중요한 역할을 하고 있습니다.

12월 11일

세계 산의 날

매년 12월 11일은 세계 산의 날로서, 지구 생태계의 중요성을 강조하고 산림이 환경, 경제, 사회, 문화에 미치는 영향을 인식시키는 날입니다. 이 날을 통해 산림 보호와 지속가능한 산림 개발을 촉진하여 산이 생물 서식지이자 자원 제공지로서의 역할을 강조하며, 산림 보호의 필요성과 지속가능한 관리 방안을 강조하고 홍보합니다.

2월 2일

세계 습지의 날

세계 습지의 날은 람사르 협약 채택을 기념하며 습지 보호의 중요성을 강조하는데요. 습지는 생태계의 일부로서 홍수 조절, 수질 정화, 그리고 탄소 저장과 같은 혜택을 제공합니다. 이 특별한 날을 통해 세계는 습지의 보호와 지속가능한 이용을 촉구하며, 다양한 행사와 캠페인을 통해 습지에 대한 인식을 높이고, 지역사회와 정부의 참여를 촉구합니다.

4) 멸종위기동물

호랑이(고양이과)

여우(개과)

늑대(개과)

수달(족제비과)

작은관코박쥐(애기박쥐과)

큰바다사자(바다사자과)

반달가슴곰(곰과)

삵(고양이과)

무산쇠족제비(족제비과)

토끼박쥐(애기박쥐과)

담비(족제비과)

하늘다람쥐(청솔모과)

물범(물범과)

산양(소과)

사향노루(사향노루과)

국립생태원
NATIONAL INSTITUTE OF ECOLOGY

출처: 국립생태원 멸종위기종

멸종위기종 검색

멸종위기 야생생물 3차 (전체종수 282종)		
포유류 20종	파충류 4종	무척추동물 32종
어류 29종	해조류 2종	고등균수 1종
곤충류 29종	양서류 4종	육상식물 92종

참고문헌

ANTT Robotics Ltd(2023). The Benefits of ESG for Children: Shaping a Sustainable Future. https://www.linkedin.com/pulse/benefits-esg-children-shaping-sustainable-future-anttroboticsltd/

Greening, D. W., & Turban, D. B.(2000). Corporate social performance as a competitive advantage in attracting a quality workforce. Business & Society, 39(3), 254-280.

https://esg.krx.co.kr/contents/01/01020100/ESG01020100.jsp

박지언(2023). ESG 개념을 기반으로 한 환경교육이 유아의 환경친화적 태도 및 환경책무성 행동 인식에 미치는 영향. 서울교육대학교 교육전문대학원 석사학위논문.

임지혜(2024). 가정과 연계한 환경기념일 중심의 환경 교육활동이 유아의 환경 감수성 및 환경친화적 태도에 미치는 영향. 한국교원대학교 교육대학원 석사학위논문.

임형백(2002). 청소년의 환경 책무성 행동과 관련 변인 연구. 서울대학교 대학원 박사학위논문.

조혜영(2024). 유아교사의 유아교육기관 ESG 인식 및 중요도에 따른 교육 요구도 분석. 학습자중심교과교육연구, 24(8), 27-41.

영아들의 환경감수성을 기르는

ESG 디지털 놀이

| 저자 | 호서대학교부설 디지털과 영유아교육연구소

| 1판 1쇄 | 발행 2024년 6월 17일

| 발행인 | 김동훈
| 발행처 | **공동체**

| 주소 | 경기도 고양시 일산동구 호수로 358-39, 동문타워 1차 905호(백석동)
| 전화 | 031)814-3000(대표)
| 팩스 | 031)814-3100
| 홈페이지 | www.compub.co.kr
| 전자우편 | compub@naver.com
| 출판등록 | 2005년 10월 6일
| 등록번호 | 제396-2005-36호

| ISBN | 979-11-6725-767-3
정가 15,000원